大学では教えてくれない

信頼される保護者対応

多賀一郎 著

明治図書

プロローグ

「あなたのような人が先生をしていてはいけません。」
「担任を交代してください。」
「土下座して謝れ。」
「責任をとれ。」
「それでも，教師か！」
　これらの言葉は，教師が実際に保護者から浴びせられた言葉です。
　このような言葉を，大なり小なり若手もベテランも経験したことがあるのではありませんか？　人格否定の最たるものです。こんなものを浴びたときは，落ち込みますよね。
　保護者にこのような言葉を使われないためには，どうすればよいのでしょうか？
　また，こんなことを言われたとき，教師はどうすればよいのでしょうか？

　「保護者対応」という言葉は，昔はあまり使われませんでした。
　僕が教師になった当時は，教師という職業は今よりも社会的に地位が高くて，保護者は基本的に「先生にお任せします」というスタイルでした。多くの保護者はわが子に対して，
「先生の話をしっかり聴いてきなさい。」
と言って送り出したものです。
　子どものケンカの一つや二つでいちいち文句を言ってくる方もほとんどいませんでした。学校でのことは学校に任せるのが「普通」だったわけです。
　教師も，子どもの躾など個人のことは「ほとんどおうちの責任だ」という意識を持っていて，保護者を教え諭すという教師がたくさんいました。
　クレーマーはいましたが，今のようなモンスターペアレンツと呼ばれるような方は，特殊な地域や家庭に限られていました。
　保護者は若い教師に対しても，教師というだけで敬意をはらって接してくれてい

たのです。

　今は，保護者の目が厳しくなっています。学校に対して要求することが過激と言ってもよいくらいに増えているのです。
　しかも，教師への敬意があまりないので，言い方もきつく，攻撃的な方もたくさんいらっしゃいます。
　このような時代に教師としてやっていくのは，大変です。どうしてもさまざまな保護者のニーズに応え，保護者にきちんと対応していくことが必要になってきたのです。

　本書では，保護者の対応というものを小手先ではなく，根本的に考えていくことから語っていきます。教師と保護者の立ち位置や関係を見直していくわけです。そこを考えないから，場当たり的な対応になるのだと考えます。
　次に，保護者に対するヒドゥンカリキュラム〔潜在的教育力〕を見直していきます。自分では気づけないままに保護者に伝わってしまうものがあるので，意識しましょうということです。
　続いて，トラブルが起きたときの，また，起こさないための方策について書いています。長年の担任としての経験から学んだことがあります。加えて，全国の先生方からときどきくる相談ごとにものっていますが，そのときのアドバイスもたくさんあります。それらを具体的に示しています。
　さらに，保護者会等，保護者の信頼を勝ち得るための具体的な方法についても示しています。

　本書を読んで，保護者との関係が少しでもスムースになり，それが子どもたちに還元されていくことを，切に望みます。

追手門学院小学校　　多賀　一郎

CONTENTS

プロローグ

Chapter 1 保護者対応 まずは心得ておきたいこと

1 「対応」とは,本来は「向き合うこと」である ─── 8
2 向き合うのに適した「時」がある ─── 10
3 保護者は先生に期待し,失望する ─── 12
4 失敗しないモンスターペアレンツへの対応 ─── 14

Chapter 2 保護者と教師の温度差を知ろう
保護者の心に寄り添う対応

1 参観授業,保護者はこう見ている ─── 18
2 学級の様子,保護者はこう見ている ─── 20
3 問題行動のとらえ方 ─── 22
4 ケンカのとらえ方 ─── 24
5 スマホの取り扱いには共同戦線を張る ─── 26
6 学級通信で伝わらないこともあると心得る ─── 28
7 保護者会に出たくなる工夫をする ─── 30
8 個人懇談では子どものよいところを話す ─── 32
9 「いじめじゃない」では通らないと心得る ─── 34
10 保護者からの電話は聞くことに徹する ─── 36

COLUMN 同じ方向を向くことの大切さ ―教育観は違って当然― 38

Chapter 3 保護者対応にも欠かせない！ ヒドゥンカリキュラムの視点

1 理想の教師像が変化している ─── 42

2 知らない間に保護者に伝わることがある ───── 44
3 見た目は大きな判断要素である ───── 46
　❶ 服装・髪型　46　　❷ 声のトーン・大小　48
　❸ 姿勢　50　　❹ 語り口調　51
　❺ 挨拶　53
4 参観日の翌日から学級が崩壊する ───── 54
　❶ 服装のだらしなさは品性のだらしなさ　55
　❷ ふだん通りの授業なんてあり得ない　56
　❸ 保護者はよく見ている　57
　❹ 成功する参観日の授業　57
　❺ 新学期のスタートからずっと続けてきていることを　58
5 子どもを通して保護者に伝わること ───── 62
　❶ 間やタイミングまでは伝わらない　62
　❷ 楽しい授業をつくるということ　64
　❸ 先生のことだけは，何でも話している　65
　❹ 言った通りに伝わると思うな　66
6 個人面談で気を付けること ───── 68
　❶ 視線を合わせないと嫌われる　68　　❷ 真正面は疲れる　69
　❸ 皮肉は厳禁　69　　❹ 当たり前のことばかり言うな！　70
　❺ 言い負かせても，納得にはならない　72
7 言葉の使い方に気を付ける ───── 74
　❶ 被害者の心理を考える　74
　❷ 言葉の端々に本音が見えてしまう　75
　❸ 預言者になるな！　75

COLUMN　同じ方向を向くことの大切さ
　　　　　　―どちらも子どもについて知らない者同士―　77

Chapter 4　具体例でわかる！保護者対応におけるトラブル・チャンス

1 雨降って地固まる ───── 80

2 先手必勝で臨む ─────────────────────────── 82
　❶ 連絡帳のひと言は効く　82　　❷ 電話に要注意　83
3 よく話を聞く ─────────────────────────── 86
4 チームという考え方を持つ ─────────────────── 88
　❶ 管理職に全て報告　89　　❷ 学年の力を借りる　90
　❸ 自己開示がなければ親身にはなってもらえない　92
5 大きな問題ほどシステム対応 ───────────────── 94
　❶ いじめ対応の場合　94　　❷ 学校で取り組むことの安心感　95

COLUMN　同じ方向を向くことの大切さ ―ベクトルの話― 97

Chapter 5　保護者の心をつかむ！信頼される学級通信のつくり方

1 コメントの有る無しは大きいと心得よ ─────────── 100
2 教師の自慢は，自己開示と親しみを持ってもらうという意味で ─ 104
3 「書いたら読んでくれる」は甘い考えである ───────── 106

Chapter 6　信頼をつかみとる！保護者会に活かせるアイデア

1 保護者会でよくたずねられることとは ─────────── 122
2 読み聞かせを有効に使う ─────────────────── 126
3 プロとしてのメッセージを届ける ───────────── 128
　❶ 学年の特質を語る　128　　❷ 教科の専門性を語る　130
4 結局は個別対応である ──────────────────── 136
　❶ 個別に話を聞く　136　　❷ 技術や理論よりも，誠実さ　138
　❸ 保護者に支えられる　139

エピローグ

Chapter

1

保護者対応
まずは心得て
おきたいこと

保護者対応が
教育の成果を決定づける。
ていねいさと慎重さが求められる。

1 「対応」とは，本来は「向き合うこと」である

　保護者対応って，なんでしょうか。一義的には，「保護者と向き合うこと」です。みなさんは，保護者とちゃんと向き合っていますか？　もしも，
「懇談はいやだなあ」
等と思っていたのなら，向き合っているとは言えません。保護者と話すことが苦手だと感じていたら（気持ちはよく分かりますが），対応は難しいものになるでしょう。
　それから，「対応」とは，相手に応じてつき合い方を考えることです。
　みなさんは，相手に応じてやり方を変えていますか？　どの保護者にもハンバーガーショップのマニュアルみたいに同じ対応をしていませんか？　同じならば，対応しているとは言えません。

　教師と保護者は，最初から同じ方向を向いているのでしょうか？　そんなことは，まずないでしょうね。
　もしも，そんなことを思っている教師がいたら，あえて「馬鹿者」と呼ばせていただきます。
　あり得ないんですよ，そんなこと。
　親の見てきた子どもと，教師が出会った子どもとが同じ存在に見えているはずがないでしょう。
　小さな赤ちゃんの頃から，自分のクラスの子を見てきましたか。
　熱を出して夜中に病院へ連れて行くか悩んだことは，知っていますか。
　その子の育ってきた歴史は，教師には分からないですよね。
　家庭の教育観と先生との教育観も違うものです。
　一方，保護者のみなさんはどうでしょうか。学校での子どもの様子は，毎日1日中教室にはりついてでもいない限り，分からないものです。

いや，1日一緒に暮らしている担任の先生でも，学校での子どもたちのことが全て分かるわけではないでしょう。子どもたちの全体的な姿というものは，なかなか分からないものです。おうちの方には，学校の子どもの様子は基本的に分からないものなのです。
　だから，いろいろな齟齬が生じるのです。

　さらに，ご家庭によって教育観は全て違います。
　質実剛健が信条というおうちもあれば，適当に人生を謳歌しようというおうちもあるだろうし，努力こそが大切だという信念のおうちもあります。
　教師とは考え方が違っていて当然なのです。そんなことは，当たり前でしょう。でも，そういった前提が時々，見えなくなるのですね。
　そこが原点なんですよ。保護者と教師は本質的に違う考え方をしているもの同士なのだ，という前提で保護者との対応の考え方をスタートしなければいけません。

　ところで，教師として自分の向いている方向がベストだと，思い込んでいませんか？
　ベストだと言い切れるほど，先生方はきちんと世の中のことや教育学や心理学を学んできているのですか？
　それほど人生経験が豊富ですか？
　自分は，さまざまなことについてどのくらい分かっているのだろうかという問いかけを，いつも，自分自身に対してなされなければいけないと，僕は思うのです。そうでないと，分かってもいないのに偉そうに言っているという状況が生まれます。保護者と接するときには，真摯な姿勢が必要です。
　ただし，たとえ中途半端な勉強しかしていなくても，どんなに未熟でも，何かを言って保護者に一つの道筋を示さなければならないのが，教師というものです。
　等身大の自分を語るということが大事だと思います。

2 向き合うのに適した「時」がある

　保護者と教師が初めから同じ方向を向いているということは、ほとんどありません。
　でも、どこかで同じ方向を向いていくように努力しないと、子どもにとってはマイナスですよね。保護者と教師との間に板挟みになった子どもが伸びやかに成長できるわけがありません。
　同じ方向を向くためには、まず、教師の側から働きかけるべきでしょう。なぜなら、教師はプロフェッショナルだからです。保護者は教育者でもありますが、アマチュアなのです。

　プロとアマの違いは何かご存じですか。そのことについてお金をもらっているかどうかが、その違いです。教師はプロです。保護者との関係づくりに努力すべきなのは、間違いなく教師なのです。保護者に頼っていてはいけません。
　まず教師が保護者ときちんと向き合うためのきっかけを提示することから始めるのです。

　では、いつ、ちゃんと向き合えるのでしょうか。

　懇談ですか？
　連絡帳ですか？
　学級通信ですか？

　それぞれ、保護者と教師が通い合うチャンスではあります。でも、それをちゃんと向き合えるための手段としては、考えていない方が多いのです。な

んとなく懇談して，連絡帳には月並みな返事を書いて，連絡事項だけの学級通信を出す，というのでは，保護者ときちんと向き合えるはずがないと思います。

3 保護者は先生に期待し，失望する

新学期がスタートしました。
　初日，学校から帰ってきた子どもに親が必ず聞く言葉が，
「今度の先生どうだった？」
ということです。
　期待もあり，失望もあります。
　どこか保護者は，「スーパースター」を求めているところがあるんです。どこかに素晴らしい先生がいて，いつか自分たちと出会えるはずだと。
　だから，
「今度の先生ははずれだ。」
とか，
「今度くらいいい先生に当たってほしい。」
というような言葉が出てくるんですね。

　僕は「親塾」（保護者のみなさんに講座をして，相談にのる会）でよく言います。
「スーパースターなんて，一生に一人当たるか当たらないかで，ほとんどの先生は普通の当たり前の先生なんですよ。」
って。
　みなさんは違いますか。スーパースターですか。それと

も，普通の人ですか。
　次の項目のいくつに該当したことがありますか？　似たようなことも含めて，考えてみてください。
① 　学校から停学や謹慎を受けたことのある方
② 　親が学校に呼び出されたことのある方
③ 　友だちに怪我をさせて，近所に謝りに行かされたことのある方
④ 　卒業式に答辞を読んだことのある方
⑤ 　よそのうちの柿や栗を盗んで叱られたことのある方
⑥ 　男の先生を言い負かして泣かせたことのある方
　半分も当てはまらなければ，普通の人ではないですか。実は，学校の先生って，そういう普通の人の集まりなんですよ。自覚しておいたほうがいいと思います。
　そんな普通の人がスーパースターになんてなれるはずがないでしょう。

　学校で問題行動をとる子どもたちは全て，こういう普通の範疇に入らない子どもたちですよね。
　したがって，普通に学校に適応してきた先生たちでは，対応するのが難しいことになります。それが基本なのです。
　だからこそ，教師は勉強して問題行動等に対する専門家にならなければならないということです。

　保護者は，先生への期待がはずれてしまったと感じたとき，過度な期待をしていただけに反動が大きいものです。
　失望して，ちょっとしたことにも不満が出てきます。それがクレームにつながっていくことになります。
　だからといって，教師の立場で，
「私たちは普通で当たり前の人間ですから，大したことはできないですよ。」
などと言ったら大変なことになりますね。

4 失敗しないモンスターペアレンツへの対応

　モンスターペアレンツという言葉が使われ出したのは，1990年代の後半くらいからでしょうか。実際には，その前から次第に強いクレームを入れてくる保護者は増えていました。その背景には，前述のような教師に対する敬意の喪失があります。

　また，マスコミがモンスターペアレンツを強調しすぎているところがあります。あおられたようになって，教師のほうも保護者のクレームの多くをモンスターペアレンツだととらえがちになってしまいました。

　クレームは仕方ありません。まともな文句は真摯に受け止め，ていねいに対応すればよいのです。

　冷静に本当にモンスターペアレンツかどうかを見極めることが，一番大切なことです。クレーム＝モンスターペアレンツだと考えないことです。

　その見極めはどこでつけるのかというと，まずは言葉の使い方です。電話などの言葉が乱暴であれば，モンスターペアレンツの可能性が大ですから，管理職と共に対応を考えるため，個人で即答しないことです。

　また，子どもの言動にモンスターペアレンツの影が見えることがあります。先生に対して乱暴な言葉遣いをしていたり，

　「うちの親がこう言っていた。」

と，先生に対して否定的な言葉を発する場合は要注意です。

誰だって腹を立てることもあります。腹を立てて文句を言ってきたからといって，本当はそういう方ではないということはよくあるのです。文句がきたらすぐにモンスターペアレンツだと断定してしまわないようにしましょう。

　しかし，モンスターペアレンツにやられると，心身共に教師はぼろぼろになってしまいます。

> ■事例　大学を出たばかりの新任の先生が，地元から離れた難しい地域の学校に入りました。最初からそこで５年生担任だということで，何かあるのだろうと思って相談にのっていましたが，１学期の終わりに担任とは関係のないところでの事件でモンスターペアレンツが登場しました。そういう保護者のいるクラスだから，他の先生方が敬遠していたようです（それはそれで，ひどい学校ですね）。
> 　モンスターペアレンツは毎日のように学校へ来て，担任と管理職を前にして怒鳴り散らすのです。話し合いなどにはなりません。僕は毎日のようにメールでやりとりして励ましていましたが，
> 「この子はもう最後まで持たないかもしれないなあ。」
> とまで思ったときもありました。ぼろぼろになっていくのですね。
> 　この先生は子どもたちや他の保護者からのエールがあったから続けることができ，６年生まで担任して卒業させるまでになりました。モンスターペアレンツは同じ地域の先輩にたしなめられておとなしくなったそうです。

　ふつうはこういうことには耐えられません。
　ともかく一人で対応しないことです。モンスターペアレンツかもしれないと感じたら，すぐにチーム対応にすることです。学年の先生たちに相談して，必ず管理職にも一緒に考えてもらうことです。責任を共有してもらうことが自分を守ることにつながります。

Chapter 2

保護者と教師の
温度差を知ろう

保護者の心に寄り添う対応

保護者と教師では，見えているものも，
人生の経験も環境も全て違う。
温度差があるのが当然なのだ。
そこは意識しておかないと，
教師は大失敗することになる。

1　参観授業，保護者はこう見ている

◯ 参観授業は最高の授業を

　まずは，参観授業についての考え方です。
　参観日の授業は，保護者から見たら，先生が特別な日だから特にがんばってしている授業なのです。
　ですから，参観日の授業の点数を50点につけたら，ふだんはそれ以下，つまり50点にも満たない授業をしているのだろうと思います。
　「参観日だからといって，特別な授業はしない。」
とうそぶく教師がいましたが，保護者はそんなふうには見てくれません（もっともその先生の授業は，ふだんから程度の高いものではありませんでしたが……）。
　僕の友人は，年度の当初に1年間の参観日でする授業を決めていました。参観日用の特別授業で，仮説実験授業などを取り入れて「見せる」授業をしていました。
　参観日には自分のできる最高の授業をしましょう。そして，見せる授業をしましょう。

◯ 保護者が参観日に期待すること

　元気で活発な授業だと自画自賛していても，保護者は，うるさくてふだんからちゃんと授業ができていないのではないのかと考えます。
　教師仲間が参観しているわけではないのです。子どもたちのわいわい言いながらも追究しているところなんて見てくれませんよ。
　また，協同学習をして，子どもたちが立ち歩きながらそれぞれで勉強が成立しているという授業ができても，保護者には通じないかもしれません。

「何をやっているか，まったく分かりません。」
というのを，自由な協同学習を参観した保護者から聞いたことがあります。

　保護者が参観日に見たいのは，自分の子どもがちゃんと授業を聞いていることと，先生が何を教えてくれているかということ，よく分かる授業かということ。その3つなんですよ。

　したがって，僕は若手には，参観日にはきちんとした一斉授業をして，保護者に，

「ああ，この先生はちゃんと教えてくれている」
というところを見せなさいと言います。

　そんなものじゃないですか？

　参観日の授業について，後から保護者に，

「こういう意図を持って授業しています。」
と，説明することもできないでしょう。

● 作文を読むことはいいことか？

　参観日に保護者の作文を子どもに読ませて，感動した保護者が涙を流す。テレビのCMでもよく見られます。そういう自己陶酔型の授業を参観日にしていませんか。

　よく考えてみましょう。参観に来られた保護者全員の子どもが作文を読めるのでしょうか。

　少人数で全員が読んだとしても，感動的な作文ばかりが並ぶでしょうか。

　自分の子どもではなく，よその子どもが読んだ作文で感動して泣く親を見て，他の保護者も同じようにすばらしいと思うだろうというのは，考えが甘いと思います。

　保護者は自分の子どもを観に来ているということを，忘れてはいけないと思います。

2　学級の様子，保護者はこう見ている

◯ 子どもを選ぶとき

　学級において教師は，どの子にも機会（チャンス）を与えたいと思います。当然です。教育者たるもの，そうでなくてはいけません。保護者も同じ思いです。

　ですから，特定の子どもばかりに大切な役割が与えられると，保護者は不満です。

　劇の主役，運動会の選手，校外学習の挨拶から遠足の班長にいたるまで，保護者は偏りがないか見ています。特定の子どもばかりが選ばれていないかと。

　ところが，教師と保護者が微妙に違うのは，保護者は他人の子どもに関しては「機会均等」を訴えますが，わが子に関しては，
「うちの子だけを認めてほしい」
という気持ちが強いのだということです。

　身勝手な話ですが，人間って，そういうものなんですよ。

　つまり，「うちの子は運動会の選手だったから，劇ではチョイ役でいいわ」とは，考えないということです。

　だから，子どもを選ぶときの方法をきちんと公開して説明することは必要です。

　東京オリンピックのエンブレム騒動ではないですが，選考過程が不明瞭だと，疑惑を持たれて，ネットでたたかれるってことです。

　具体的に言いましょう。例えば，劇の配役を決めるときは，子どもたち全員から，第1から第3までの希望を取り，ジャンケンで役を決めるのです。

「そんなことしたら，いい配役にならないのでは……」
と思うかもしれませんね。

　プロの劇団ならば，実力主義でいいと思います。しかし，学校の劇はあくまで学校教育の中でのものです。すべての子どもたちに機会は均等に与えなければならないと思いませんか。

　行事の挨拶や宣誓などの場合は，オーディションをして，子どもたちに選ばせてもいいですね。ただし，人気投票になることがあるから，その点は要注意です。

◯ 学級の状態

　教師のとらえている学級の状態は，そのまま保護者も同じように考えていると思っていませんか？　それはとても甘い考え方です。

　例えば，ざわざわとしてやかましいところはあるのだけど，自由度が高くて子どもたちの居心地のいいクラスになっていると教師が判断していたとします。

　その通りに保護者が受け取ってくれるでしょうか？　前年度まで不登校だった子どもが学校に通うようになった保護者には，理解していただけるかもしれません。しかし，多くの保護者は自由で生き生きとした学級よりも，きちんとしていて静かな学級のほうがよいと考えています。

　ある騒がしくて楽しい学級で，子どもが先生に，
「先生，うちのクラスは学級崩壊なの？　お母さんがそう言っていたよ。」
と言ったという話がありました。

3 問題行動のとらえ方

　教室で乱暴をする子どもがいたとします。
　隣の子の首を絞めたり，並んでいるときに前の子の頭をたたいたり，思い通りにならないときに大声を出して暴れたり……。そういう子どもがいますよね，実際。
　小学校では，この扱いは難しいんです。中学校の場合は，傷害事件として扱えることもあるかもしれませんが，児童はそうはいきません。1年生の子どもが他の子を突き飛ばして擦り傷ができたから，傷害事件として警察に連絡するなんて，あり得ないでしょう。
　ADHDの子がパニックを起こして暴れるなんてことは，今の学校では日常的に起こっていますよね。必ず起こるといってもいいくらい，日常的な案件です。

　そうした問題行動が起こったとき，被害者の保護者にどんな話をしていますか？
　僕が親塾でいくつも相談されたのが，教師のこういう言葉に対する不信です。
　「この子のよさも分かってあげてください。」
　「その子なりに努力しているんです。」
　「正義感が強いので，つい止めようとしてやりすぎてしまうんです。」
　教師の発するこうした言葉は，

被害者の親にとっては，腹の立つ言葉でしかありません。
　だって，被害者なんですからね。
　被害を受けている人の気持ちは，「まず，その行為をやめさせてください」ということです。
　もちろん，教育はそんな単純なことではないのは，分かっています。注意しただけで止めれば，誰も苦労はしません。注意したことが逆にパニックを引き起こすことだってあります。長い目で見てあげなければいけない場合もあります。子どもによってさまざまな対応の仕方が必要です。
　でも，保護者に言うべきは，
「こういうことは，やめるようにがんばります。」
「お子さんに被害が及ばないように厳しく注意します。」
というような言葉なのです。
　保護者には，まず，教師が本気で止めようとしていることを伝えなければなりません。毎日子どもを学校へ送り出す保護者の気持ちを考えてみたら，不安を少しでも取り除くことを考えて発言するべきでしょう。
　先生の努力が見えて，少しでも状況が改善されたら，保護者と話し合うこともできるものです。

　なお，乱暴な子どもやパニックになる子どもについては，おうちの方にマイナスの情報しか伝わらないものです。
「A君は，また物を投げて先生が怪我した。」
とか，
「Bさんは，今日も友だちの髪の毛を引っ張って毛が抜けた。」
とかいうことが日々伝わっていき，「その子」にレッテルが貼られてしまいます。
　「その子」のよいところや素敵な出来事を見つけ出して，通信等を通して他の保護者にも子どものよさを伝えていくというようなことを積み重ねていくことも大切です。

4　ケンカのとらえ方

　「ケンカは子どもにとって必要なことです。子どもたちはケンカからさまざまなことを学びます。ケンカをさせることを恐れていては，教育なんてできません。
　『ケンカは昆虫の触覚』と同じです。ケンカを通して子どもたちは人との関係の距離感等を学ぶのです。」
というのは，教師側の論理です。保護者からしたら，ケンカはやめてほしいものに決まっているのです。
　昔は，
　「ケンカ，大いにけっこう。」
なんて言ってくださる方もいらっしゃいましたが，今は，違います。
　今，
　「ケンカぐらいどんどんやってこい！」
等とおっしゃる保護者は，やや暴力容認的な方に限られてきます。
　そうした認識を持っておかなければいけません。
　ですから，ケンカ問題の起こる前の保護者会で，きちんとケンカの大切さを説明しなければならないということです。

　また，ケンカして子どもが怪我をしたら，どうするかということです。
　僕にも痛い経験があります。かなりベテランになってからのことです。
　子ども同士でケンカがありました。ときどきケンカしているもの同士で，一人が悪口を言いました，それもかなり悪質な。それを聞いたもう一人がかっとなり，顔にパンチしました。口に当たり歯茎から血が出ました。保健室で手当てをしてもらい，大したことがないということなので１日様子を見ました。そして，本人同士は話し合ってひとまず解決をみたと思いました。

帰るときにも傷を確認しましたが，
「大したことないよ，先生。大丈夫。」
という本人の言葉もあったので，そのまま帰して連絡も入れませんでした。
　これが大失敗だったのです。後から怪我をした子どもの保護者から電話がかかってきました。

　かなり叱られました。連絡をしなかったということが保護者の一番ひっかかったことでした。
　僕なりにはあえて連絡を入れるほどのことでもないと思っていたし，先に言葉の暴力があってのことだったので，一方的な暴力とは違うという判断でした。しかし，先に報告するということが僕に抜けていたというのは，決定的なマイナスになってしまいました。
　大した怪我ではないという判断は簡単にしないことですね。というよりも，大した怪我ではなかったとしても，ひとまず連絡だけはきちんと入れておかなければならないのです。

　ともかく，トラブルは事実を確認してから，先に双方に連絡を入れるべきです。先に連絡すれば「報告」ですが，後から保護者に言われてからだと，何を言っても「言い訳」になります。
　ていねいすぎるくらいにていねいにすることが，保護者の信頼を得ることにつながります。
　そうすることは，教師自身の身を守ることにもつながります。

5 スマホの取り扱いには共同戦線を張る

　スマホは子どもに持たせるべきではないことは，はっきりしています。
　しかし，現実には小学校の高学年になると，半分近い子どもが所有しています。
　保護者が学校へ持たせる理由は，子どもの安全のためです。
　（実際には，スマホを持っていることで子どもが安全だということは，絶対にありません。）
　奈良の富が岡で事件にまきこまれた小学1年生の子どもは，首から携帯をぶらさげていました。携帯を持っていても，とても暴力には太刀打ちできないということなのです。
　今どき，GPSで位置確認できることを知らない人間などいません。子どもを襲う人間だって，そんなことは百も承知です。
　そんなこと，当たり前ですよね。でも，親は不安です。少しでも安全な方法はないかと必死になります。
　だから，学校としては親の
「携帯を持たせてください。」
という申し出を無下に断れない，そういう時代にきているのです。

　一教師である担任としては，
「学校のきまりです。」
というしかありません。理屈をいろいろと並べても，保護者に納得していただけるはずがないのですから。
　認めるか認めないかは，担任の判断でできるこ

とではありません。認めるなら，管理職と職員の合意で決めるべきでしょう。

　スマホは危険なものです。何度も言いますが，子どもたちに自由に持たせてよいはずがありません。
　しかし，今の時代，多くの子どもたちが持ってしまっています。小学校でも，高学年になればかなりの数の子どもたちがスマホを持っています。できるだけ子どもに持たせないようにすることは大切ですが，広まっているものの扱い方はきちんと指導しなければなりません。
　LINEがいじめに使われることもあります。
　SNS（ツイッター，フェイスブック，YouTube，インスタグラム等）に投稿して犯罪になったり，自分の人生をつぶすことになったりしたこともありました。
　こういう話は，保護者会のときに具体例で語ると共に，学級通信等で，繰り返し伝えましょう。
　「学校の先生がこう言っているよ。」
という水戸黄門の印籠のようなものがほしい保護者も多いのです。
　また，子どもへのネチケット（ネットのルールやマナー）指導をして，同時に保護者にも同じことを伝えましょう。
　「持たせるべきではないのだから，使い方は指導しない」
等という頭のかたい対応では保護者の心にも響いていかないでしょう。
　保護者と一緒にスマホ等の問題に取り組んでいくという感覚が必要だと思います。

6 学級通信で伝わらないこともあると心得る

　学級通信を出しさえすれば，全ての保護者が読んでくれると思い込んでいる先生がいます。果たしてそうでしょうか？　どんな通信を出しても保護者はみんな熱心に読んでくれるのでしょうか？
　１年生の保護者なら，新学期の初め頃は全員が読んでくれるでしょう。でも，他の学年の保護者の場合はどうでしょうか。
　毎日たくさん通信を出して年間300号を越えたとしても，読む保護者がほとんどいなければ，ただの自己満足にすぎません。実は，たくさん出せば出すほど，読んでくれなくなる可能性は高くなります。
　考えてみてください。毎日何枚もの通信が出されるとしたら，その全てに毎日きちんと目を通そうとするでしょうか。そういう人はごくわずかだと心得ましょう。
　職員室で校長が毎日職員室通信を３枚ずつ出してきたら，うっとうしく感じませんか。一つ一つをファイルして，ていねいに毎日読もうとは思わなくなるでしょう。
　それと同じです。通信をたくさん出すのはただの自己満足になる恐れがあります。

　忘れないでください。保護者は，必ず読むのではありません。
　最近は共働きの家庭も多いのです。疲れて仕事から帰ってきて，家事もしなければなりません。その状態で，学級通信を読まないといけないのですから，どのくらいの数の保護者が読んでくれると思いますか？（通信の工夫については，Chapter5で詳しく説明します。）

　さて，学級通信に大事なことを書いたら，教師の意図したように伝わって

いるのでしょうか。

　通信は所詮通信です。

　別の意味での教育的効果には大きなものがあります。しかし、書いたことがその通りに伝わっているのかどうかは分からないものです。

　こんな例があります。

　子どもたちの問題が多くなって、おうちの方にも考えていただこうと、いくつかの実態を通信に書いて出した先生がいました。

　ところが、保護者はそれを読んで、先生の指導に問題があると言い出して、学校にまとまってやってきました。先生は、墓穴を掘ってしまったということですね。

　それから、通信を不定期に出していると、高学年の子どもなら、都合の悪いことを隠すために保護者に通信を渡さないということもあります。

　子どもの実態を包み隠さず保護者に伝えていく通信を書くなら、学年の初めの保護者会等で、

「毎週末に必ず通信を出します。」

と言ってその通りにすれば、子どもが通信を渡さなければばれてしまいます。

　保護者にちゃんと伝えていくためには、そういう工夫も必要ですね。

7 保護者会に出たくなる工夫をする

　学校の先生は，保護者会に親は来るべきものだと考えています。
　「子どものことを真剣に考えたら，来るはずでしょう」
と，本気で思っています。そして，保護者会で大切なことを伝えていこうと考えています。
　ところが，最近の保護者はなかなか学校にいらっしゃいません。参観日に学級懇談会を予定しても，数人しか集まらないのが現状です。そして，来て話を聞いてほしい保護者ほど，学校には足を運ばないものなのです。
　「保護者会くらいは，来るべきだ」
　それは，教師としては，とても健全な考え方であります。

　しかし，保護者はどう考えているのでしょうか？
　まず，
　「忙しいのに，保護者会なんて行ってる場合じゃない！」
というのが本音でしょうね。
　共働き，もしくは，お一人で子どもを育てている方は，仕事を休んでいかなければならないのです。パートで勤めていたとしたら，仕事のシフトチェンジをして誰かに代わってもらわないといけないので，けっこう大変なのです。
　正規の仕事ならば，年休をとって休まなければならないのです。欧米のように家庭に対する貢献を

仕事より優先させる土壌があればいいのですが，日本の社会はまだまだそこまでいっていません。
「参観日なので，年休をとらせてください。」
とは，なかなか言えないものです。
　お互い様として助け合う意識が高ければ比較的楽でしょうが，そういう職場も少ないのが実情です。
　まして，パートの収入だけが生活の糧だというご家庭ならば，休んで学校へ来るという選択肢はとれないものでしょう。

　つまり，来たくても来られない人たちがたくさんいるのだということを知っておきましょう。

　学校の先生だって，子どもの参観日や保護者会に必ず行っているとは言えませんよ。
「明日，子どもの参観日だから，午前中は休みます。」
ということが職員室でふつうに言われていますか？　まずないでしょうね。保護者会は必ず参加するべきだと考えている教師自身が，わが子の保護者会や参観日に必ずは行っていないということがあるのです。

　ここまで述べてきたように，よほどのことがない限り，学校へ行くという選択肢がとれません。となれば，出たくなるような保護者会の工夫というものを考えるべきなのですね。
　僕はファシリテーションを行って，思春期の子どものことで悩む保護者のみなさんと有意義な会を持つことができました。1年生で，いろいろな幼稚園から来て不安なみなさんには，ソーシャルスキルの手法で，知らない保護者同士の会話を演出しました。
　ただ先生の話を聞くだけの保護者会では，来なくなるのも当たり前だと思います。

8 個人懇談では子どものよいところを話す

　個人懇談で，初めからわが子の文句や悪口をたくさんおっしゃる方がいます。
　例えば，
「うちの子，どうしようもないんです。どうしたらいいんでしょうか。」
「もう，何も言うことを聞かないので，どうしようもありません。」
などとおっしゃるのを，聞いたことありませんか？
　果たしてそれは，保護者の本音なのでしょうか。

　あるとき，個人懇談で教室に入って来られたAさんのお母さんがいきなり，子どもの悪口を言い始めました。とてもまともに聞いていられないような内容でした。性格の悪さや生活習慣の乱れに加えて，わが子をバカ呼ばわりまでしました。確かに，該当する事実もあったのですが，あまりの悪口に聞いていられなくなって，
「お母さん，Aさんのいいところは，どこですか？」
と，たずねました。
　すると，
「えっ？」という顔をされたのです。
　そして，しばらく間を置いて，僕がAさんの良いところの話をすると，涙を流しながら話し始められました。
「先生，あの子は本当は，優しいいい子なんですよ……。」
　僕の言葉に本音のスイッチが押されたのでしょう。2人でその子のいいところを出し合ううちに，
「今，どうしてこんなふうになってしまったのかなあ。」
とか，

「どうしてあげることが，いいんでしょうね。」
といった，前向きで子ども中心の話にすることができました。

　どんな親でも，わが子のことは悪く思いたくないというのが，本音です。でも，学校での様子をうかがい知り，目の前の子どもの問題行動を見るにつけて，
「先生にいいところを話しても仕方ないなあ。」
といったあきらめになったり，
「いまさら先生にうちの子のよさはわかってもらえないんだろうなあ。」
と，思い込んだり，
「どうせ悪口言われるんだったら，先に言っておこう。」
と，責められないための先手を考えたりされるのだと思います。
　それは哀しいことですね。

　やはり，基本は子どもを褒めることです。懇談のときには，それまでに観察して得た「子どもの良さの事実」を用意しておきましょう。
　物が崩れていたらそっと直してくれていたり，友だちがつらいときにそっと寄り添っていたり，笑いでクラスのムードを変えてくれたり，……といった学校でしか見られない事実を話すのが，一番伝わります。

　自分の子どものよさを認めてくれる先生に，保護者は心を開いてくるものなのです。

9 「いじめじゃない」では通らないと心得る

　いじめには定義がないと言われます。
　今，よく言われるのは，「本人がいじめだと感じていたらいじめだ」ということですが，小学校の低学年では，ほんとにこの判断が難しいのです。
　まず，子どもの話がいいかげんな場合が多くて，何度も聞き直していくと，最初とはまったく違うものになったりします。いいかげんというのは，子どもの性格もありますが，まだつたない表現しかできなかったり，物事のとらえ方が曖昧だったり，周りのことがよく見えてなかったりするからです。
　どう考えても意地悪程度の話が「いじめ」だということになってしまうことも，よくあります。
　「みんなに，意地悪された。」
の中身を聞いていったら，意地悪していたのは2人だけだったという話は，よくあることです。

　それはともかくとして，たとえ，
　「これは，いじめとは言えないなあ」
と思っても，そのまま保護者に伝えるわけにはいきません。
　保護者からしたら，わが子がいじめられたと言っていたら，それは完全ないじめだということなのです。
　家に帰ってきた子どもが机に突っ伏して，

「私はいじめられてる。」
と言ったら，みなさんならどう思われますか。
「本当かどうか確かめないとね」
なんて，絶対に思わないでしょう。かっとしてしまって，さっそく学校へ電話するということになりませんか？　落ち着いてゆっくりと子どもの話を聞くということはなかなかできないものです。
　そして，あまり冷静ではない保護者と話をすることになります。
　そのときに重要なのは，事実の確認と記録に基づいて話すことであって，それがいじめかどうかという次元での話にしないということです。
　いじめの有無なんて，なかなかはっきりとつかめるものではありません。間違っても，
「うちのクラスにいじめなんかありません。」
などとは口にしないことです。
　実際，自信満々の強圧的な教師がいじめがないと断言したことがありました。そのことによって，逆にもめることになってしまいました。もめていなくても，そういう言葉を口にする教師を保護者は信用しなくなるものです。

　いじめの有無よりも，学校に来られたり，電話をしてきたりする保護者の思いをまず汲み取ることが大切です。
　一緒になって考えていきましょうというメッセージを，そして，そのために「まずは子どもの思いをよく聞き取ります」という言葉を保護者に伝えましょう。
　そこからは，事実をもとにして考えていけばいいのです。
　まずは，保護者が学校に連絡してきた，その気持ちをよく斟酌して，思いに応えようとするべきでしょう。

10 保護者からの電話は聞くことに徹する

　保護者から放課後，電話がかかってきました。
「○○先生，Bさんのお母さんから電話ですよ。」
と聞いた瞬間に，職員室には若干の緊張が走ります。その場にいる教職員は，仕事をしているふりをしながらも，気持ちがそちらに向きます。

　そして，額にしわを寄せて，指名された先生が電話に出ます。
　談笑していた先生たちも，声をひそめて静かに聞いています。成り行きをうかがっているのです。
　電話に出た先生がにこりとして楽しげに話し始めると，緊張がさあっと緩んでいきます。
　それに反して，応対している先生の表情が曇ったり，さらに難しげな顔になっていったりすると，職員室の緊張度は高まります。
　そんな状況になりますよね，保護者からの電話は。
　保護者からの電話だと聞いただけで，ほとんどの場合「また，クレームかなあ」と不安になります。
「やったあ，保護者からの電話だ。うれしいなあ。」
なんて言う教師を見たことはありません。

　一方，電話をかけてくる保護者はどうでしょう。
　親塾をしていて，よく親から相談されることに，

「先生，こんなことを学校に言って，モンスターペアレンツだと思われませんか。」
ということがあります。
　保護者は保護者で，びくびくして，恐る恐る電話しているのです。
　もちろん，中には，勢いに任せたり，酔っぱらったりして電話をかけてくる方もいらっしゃるでしょう。モンスターペアレンツも実際にいることは，よく分かっています。
　また，今は，
「ピザの宅配が遅れてるよ，どうなってんの。」
というような感じで学校にクレームをつける保護者もいらっしゃいます。

　でも，多くの保護者はそうじゃないことを，ぜひ，分かっておいてほしいものですね。その前提で電話に出たほうがいいですよ。

　恐る恐る決意して電話をしてこられるのですから，そういう保護者に対して，厳しい言い方や突き放した言い方は厳禁です。
「ああ，電話なんてかけなければよかった。」
と，後悔させていいことは何もありません。
　できるだけ丁寧な対応をしましょう。誠実に話を聞いて，まずは保護者の思いを聞き切りましょう。十分に話ができると，興奮していたほうも落ち着いてくるものです。
　人は話を聞いてもらえるだけで，かなり安定した気持ちになるものです。じっくりと聞いて，複雑な話については，学校に来てもらうようにすればよいのです。
　ともかく，あわてて適当なことを言うことと，保護者を説き伏せてしまうようなことは，絶対にしないことです。相手に不信や不満しか残さないからです。
　大切なのは，保護者の思いを聞くことです。

COLUMN

同じ方向を向くことの大切さ
―教育観は違って当然―

　教育観というのは，100人いれば100通りあるくらいさまざまなものだ。
　同じ学校の同僚で，教育観がぴったりと一致する人って，いるだろうか？　まず，いないだろうね。
　教育観は，その人の成育歴によっても，学歴によっても，性格によっても違ってくる。

　小さい頃に商売の家で育った僕は，落ち着いた家庭にあこがれた。母がいつも仕事で忙しくてさびしい思いをしたからか，母親は家にいて子どもを育てるのがいいと思っていた。

　でも，家族関係にわずらわしさを感じて育った人は，それぞれが自由な家庭というものを理想とするかもしれない。

　父性的な指導を重視する先生には，母性的な指導はもどかしく映ることだろう。母性を大事にする先生から父性の強い先生を見たら，やりすぎと映るだろう。

例えば，音楽の指導を考えてみよう。
　笛が吹ける，声が正しく出せる，というような技術面に力を入れる先生もいらっしゃる。一方，音楽は楽しさが大切だから，笛が吹けなくても楽しい音楽の授業を考える方もいらっしゃるだろう。こういうのって，どちらかが正しいなんて言えないよね。
　教育観は教師の間でも違っているものなのである。

　まして，保護者と教師においては立場も違うのだから，同じような教育観を持てというほうが無茶かもしれない。
　・子どもを理屈によって育てる。
　・子どもは，ごちゃごちゃ理屈を並べてはいけない。
　・自由放任主義。
　・厳しく躾をする。
　・体罰容認。
　・どんな厳しい指導も受け入れられない。
　ひと口に保護者と言っても，このようにさまざまな教育観を持った人たちがいるということだ。保護者同士も，みんな違う教育観を持っていると思ったほうがよいのだ。
　いや，教育観そのものすら持っておられない保護者も，かなりの数でいらっしゃる。

　一人ひとりの保護者の教育観に対して，教師自身の教育観をどのように理解していただくかということがポイントになるだろう。
　対話することが大切だが，自分の教育観を押しつけるようなことだけは避けたいものである。教師としては認められない教育観であっても，頭から否定したのでは，前向きな話はできない。話をよく聞いていると，相手もこちらの話を聞いてくれるものなのだ。

Chapter

3

保護者対応にも欠かせない！ヒドゥンカリキュラムの視点

ヒドゥンカリキュラムとは，知らないうちに伝わってしまう教育的効果のこと。こちらにその気がなくても，保護者に伝わってしまっていることがあると，心したほうがいい。

1 理想の教師像が変化している

　保護者から見ると教師はどう見えているのかという，少し怖い話をします。
　僕は「親塾」というものをしています。今は，なかなか定期的にはできなくなって，仙台や名古屋でときどき開催するという感じになっています。この会は，保護者にいろいろな教育の話をして個別の相談にものるという会です。
　学校側という立場ではないので，保護者からの本音の相談というものをたくさん聞いてきました。
　この数年間で集めた親の本音というものから，少しお話します。

　まず，保護者の求める教師像が明らかに変化してきています。
　今，怖い先生は好かれません，はっきり言って。昔は仏頂面の先生であっても，そこに威厳を感じてくれることもありました。
　でも，今はそんなことはありません。難しい表情の先生は，保護者に受け入れられにくいのです。
　熱血がもてはやされたのは，もうひと昔も前のことです。
　30年前は青春ドラマが流行し，熱い教師が非行少年たちを引っ張っていくというパターンが圧倒的でした。その時代では熱血教師が理想像の一つであったのです。
　今は，ドラマを見てもテレビのコマーシャルを見ても，ギンギンに熱い熱血教師が「暑苦しい」ものと，ギャグにされてしまいます。

子どもにも保護者にも熱血教師は受け入れにくい面があるようなのです。
　でも，熱意のある先生は信頼されます。クールな先生がよいというわけでもないのです。
　熱さと冷静な賢さみたいなものが，求められているようです。バランスの時代だからでしょうか。何かに偏った先生というものは，どうも受けが悪くて，バランス感覚が保護者から求められているように思います。

　具体的な理想的教師像というものは，今の保護者にもあまりないように思えます。
　保護者の語る好まれる教師像で多いのは「優しい先生」でしょう。子どもたちもそうですが，今の保護者の多くは，「厳しさ」よりも「優しさ」を求めています。それも，「獅子が谷底へわが子を突き落とす」というような厳しい本質的な優しさではありません。目に見える具体的な優しさというものを求めています。
　だから，怪我したり病気になったりした子どもへの
「大丈夫でしたか？」
「その後，どうでしたか？」
といった電話1本が，関係づくりの有効な手だてになるのです。
「あの先生，優しいね。こんな些細なことでも気にして電話してくれるのだもの。」
と，思ってもらえるというわけです。

　多様性の時代だと言われます。教師像も一様ではありません。自分らしい個性的な教師でよいのです。しかし，具体的な「優しさ」が求められていることだけは忘れてはならないでしょう。

2 知らない間に保護者に伝わることがある

　教師の知らない間に，保護者に伝わっていることが，たくさんあります。
　まさしくヒドゥンカリキュラムで，教師の意図と違うものが伝わる場合もあるし，うまいベテランはそこを意識して使うので教育効果がより上がるのです。

　教師というものは，もともと保護者相手に偉そうなことを語る仕事です。語らなければならない仕事だと言ってもいいでしょう。ベテランも若手も同じように教育を語らなければならないのです。
　その，保護者相手に語っている自分のことが，保護者からはどう見えているのかということは大事です。新卒の先生が，
「教育とは本来かくあるべきで……。」
と大ベテランと同じように熱弁をふるっても，何も伝わりません。
「こんな若い人が何を言ってるの」
と思われるのがオチですね。
　若いと見られているのならば，若さを前面に押し出して語るほうが，保護者の心に響いていきます。若い先生が最初の保護者会に臨むときにアドバイスすることの一つに，
「等身大で話しなさい。」
ということがあります。ありのままの自分を素直に語っている姿に保護者は好感を抱くものです。

　また，ふだんの言動にもヒドゥンカリキュラムがたくさんあります。
　例えば，僕は若いとき，子ども中心ということを絶対にゆずりませんでした。子どもたちと話しているときに保護者の方から挨拶されても，無視する

ぐらいに徹底していました。
　あるとき，保護者の方から，
「多賀先生は愛想が悪いですよ。保護者はそういうのにうるさいですから，気を付けられたほうがいいですよ。」
と教えていただきました。
　そのときはまだ，
「僕が大事なのは子どもであって，保護者は二の次だ。だから，それによって保護者に嫌われても仕方ない」
という気持ちが強かったのです。
　でも，現役最後の10年くらいは，保護者への挨拶は欠かしませんでした。何があっても，笑顔でひと言交わすように心がけていました。
　それは，そうすることによる教育効果が絶大なのだということが分かってしまったからなのです。自分は教育への信念としてやっていることが，保護者からはただの「愛想の悪い感じの悪い先生」としか映らないときもあるということを知ってしまったからなのです。

　どんなに立派な教育をしていても，それが保護者に伝わらなければ，ただの独りよがりです。自分は保護者からどう見られているか，意識しましょう。ヒドゥンカリキュラムというものがあって，教師の発する言葉よりも，もっとたくさんのことを保護者に伝えている可能性があるということを肝に銘じておくべきです。
　自分のヒドゥンカリキュラムを知り，自分に足りないところを補い，自分の利点を活かしていくことで，保護者との関係はよりよくなっていくことでしょう。
「彼（てき）を知り己を知れば百戦殆（あや）うからず」
ということです。
　次ページから，ヒドゥンカリキュラムのポイントについて細かく述べていきましょう。

3 見た目は大きな判断要素である

「人は見た目が9割」と言いますが，保護者が先生を評価する最初のポイントは見かけなのです。教育実践力ではありません。特に，最初の保護者会は意識しておいたほうがよいでしょう。

中身で勝負する以前に，外見で勝負がついてしまっている場合があります。

最初から保護者によく見られていなかったら，後の指導が大変です。
僕は，個性的で格好を気にしない先生のほうが好きです。
でも，自分はそうしませんでした。なぜなら，保護者には拒否される方(かた)が多いと思うからです。

❶ 服装・髪型

服装や髪型なんて，こんなこと気にしすぎるのはおかしいですよね。よれよれの服を着ていても，髪の毛がぼさぼさでもいいじゃないですか。教育は見かけではないはずだし，子どもたちにも，
「人を見かけで判断してはいけない」
と，教えているのですから。

何度も繰り返しますが，僕はそう思っています。自信のある先生は，皮肉ではなく，どうか個性的であってほしいと願っています。

ところで，最近のテレビCMを見てください。匂いの付かない防虫剤，よい匂いが長続きする柔軟剤等，昼間にテレビを観ていると，健康食品と保険の話と，こんな匂い関係のCMばっかりですよね。

つまり，今の時代，香りのよいことや臭いのないことが大事なのだということです。

無香料か香りつきなんですよ，圧倒的に。自然な体臭が嫌われるんです。いいとか悪いとかは別にして，世の中がそうなってしまっているわけです。
　ですから，汗臭い体臭がばりばりの先生は保護者に少し引かれますし，煙草を吸う先生の臭いを毛嫌いする保護者も多いようです。みんながどこででも煙草を吸っていた時代は，煙草の臭いに対する免疫がありました。しかし，これだけ禁煙が広まっている世の中では，煙草を吸っている人の臭いはすぐにかぎとられます。その臭いは，かなり不快がられていると思ったほうがいいですね。
　ウェットティッシュで制汗したり，スプレーを使ったりなどして，臭いに気遣うことも大切です。

　それから，手入れしていない髪というものが，受け入れられなくなってきているんです。

　ぼさぼさの髪は，変に目立つんですね。保護者会や参観日くらいは，きちんとした服装と髪の手入れをしたほうがいいのです。フケがぱらぱら落ちているなんて，もってのほかです（だからといって，リーゼントにきめられたら，それはそれで問題でしょうが……）。
　仕事なのですから，仕事に応じた服装をするのは当たり前です。
　教師の服装はわりと個性的でもよいのですが，どこへ行っても通用する服装というのが基本です。今は男性もスカートをはいて街を歩いていますが，学校ではまだまだそういうファッションは無理だと思います。服装は男女とも控えめにしたほうがいいのです。一部の保護者に受けたとしても，多くの保護者は派手な服装には眉をしかめます。
　また，女性教師は，セクシーな服装は厳禁です。学校にいらっしゃる保護者の方の多くは女性です。同性には厳しい目で臨みます。セクシーな服装は

必ずといっていいぐらい嫌われます。肩の透けるような薄手のカーディガンを着ていた先生のことを,
「何を勘違いしてるのかしら。」
となじっているのを聞いたことがあります。

　個性重視の時代ですが,学校はオーソドックスな服装が好まれます。でも,今はこういう学校文化の時代なのです。そこに金田一耕助みたいな先生がいても,保護者には認めてもらえません。

　特に,清潔感というものが重要なのです。これは,言葉の使い方も同じで,話し方に清潔感がないと嫌われます。まして,くだらない下ネタなどは,保護者からは嫌悪の対象になってしまいます。
　教師というものの権威は落ちたといわれますが,やはり聖職者だという意識は根強い保護者がいらっしゃいます。
　服装の基本は明るさと清潔感です。

❷ 声のトーン・大小

　保護者会で話すときの声は適当な大きさで,トーンは少し高めがいいと思います。低いぼそぼそと話すような声はよくありません。
　某通販大手の元T社長の声は,少しトーンが高いでしょう。あのトーンのおかげで売れるんだそうです。あの声は最も購買欲を刺激する高さなのだそうです。別に保護者の購買欲を刺激する必要はないのですから,あそこまで高い声である必要はありません。しかし,やや高めの声を意識しましょう。特に男性は声が低いと聞き取りにくくなりますから,少しだけ高めの声のトーンを意識するのです。
　適当な大きさとは,どんな大きさのことでしょうか。保護者に対しての声ですから,落ち着いた声の大きさが大切です。大声を出す必要はありません。部屋の大きさと反響の程度にもよりますが,あまり大声ではなくて,後ろの

席の保護者にも聞こえる程度の大きさですね。
　特に若い先生は，さわやかな声を意識しましょう。さわやかさが求められるのは，若い先生ですからね。若いのに暗いイメージを与える先生は，保護者に嫌われますよ。
　では，さわやかな声ってどんな声かと言うと，さわやかではない声を考えればいいんです。それなら，イメージが湧きやすいでしょう。ぼそぼそと下を向いて低く語る声。その反対が「さわやかな声」です。

　滑舌も大事です。緊張してかんでしまうのは愛嬌ですが，何を話しているのか聞こえないというのでは，印象は悪いですね。
　昔，滑舌が悪く小さな声でぼそぼそ話す新人の先生がいました。自信家で，保護者会等では，本人はなかなか素晴らしい内容を話したと悦に入っていました。けれども，保護者のみなさんは，
「あの先生，若いくせに声がちゃんと出てない。」
「もっとハキハキ話してほしいよね。」
等と，手厳しい意見を出していました。
　話した内容よりも，話し方等，違う要素のほうがインパクトが強く伝わるということなのです。
　子どもたちに対するときも同じですが，滑舌の悪い先生は克服するための努力をしましょう。教師は話すプロフェッショナルでもあるのですから，
「自分は話すのが苦手です。」
とは言えません。
　努力すれば，必ずきちんと話せるようになります。
　僕の著書『学級担任のための「伝わる」話し方』（明治図書）には，話し方を鍛える基本練習から書いています。参照してください。滑舌も鍛えることで必ず改善されます。

❸ 姿勢

　保護者会で話すときは，必ず立って背筋を伸ばしましょう。全身を保護者に見せて，立ち居振る舞いを見てもらうのがいいと思います。さらに，手は軽くだらりと横に垂らすか，手振りしながら語るのがよいでしょう。ただし，パフォーマンスもあまり過ぎるとかえって目ざわりですから，自然でさりげないボディランゲージを工夫します。
　座ったまま原稿を棒読みなんて最悪です。保護者からは怠慢であるとか，信用できないとかまで思われます。

　保護者会では，座っているときの姿勢までそっくり見られていると思ったほうがいいですよ。自分の話す番ではないからと油断してそっくり返ったような姿勢で座っていたら，それも保護者は注視しています。
　机が足元の見えるつくりであれば，足元までチェックされています。要注意。
　そこまで考える必要があるのかと思うかもしれませんが，保護者との関係づくりには，細心の注意をはらうほうがよいでしょう。
　ある程度信頼関係ができていたら，リラックスしていてもかまわないと思いますが，最初の保護者会は，まだまだ保護者も，
「この先生は，どんな人物なの？」
と，じっくりと観察しているところがありますから，特に気を付けておいたほうがいいと思います。

　懇談で保護者と話すときは，相手の目を見て話すように心がけましょう。
　親塾で多くの保護者の方が，
「こんな先生は不安です。安心できません。」

と言うのは、保護者と目を合わせない先生です。

　恥ずかしいのかもしれませんが人と話すときの基本姿勢です。そこを保護者はものすごく気にしているところです。視線を合わせない先生は信用されないと言い切ってもよいくらいです。

　保護者は教師の人格をかなり気にしています。わが子を預けるのですから、当たり前と言えば当たり前なのです。教師側は、そのことに対する考え方が甘いものです。そういう中で、視線を合わさないということは、人格的に問題のある人間だととらえられてしまうのです。

　これは、多くの保護者から聞いた事実です。

　ただし、発達障碍系の特質を持った保護者もいらっしゃいます。

　そういう場合は露骨に視線を合わせることを嫌がられますので、そのときには視線はそらしてあげたほうがいいでしょうね。

❹ 語り口調

　優しい語り口調が、圧倒的に今の保護者には支持されます。はじめのうちは、特に優しくていねいな語りが大事です。

　厳しさは後半になってから出していけばいいのですよ。

　僕は甲南小学校に30年以上勤めていました。保護者の間ではなぜか、

「親には厳しい先生だ。」

といううわさが広まっていたため、最初の保護者会では保護者のみなさんはいつも緊張していました。僕が話し出すと、ぴいんと空気が張り詰めるのです。ですから、保護者会のスタートでは、

「僕のことを厳しいなどとうわさする方がいらっしゃるようですが、……

実は，僕は……むちゃくちゃ厳しいです。」
というようなことを言って笑いを誘い，そこから穏やかに話していくようにしていました。
　ユーモアを入れて笑いのあるような話にすることは，大切です。授業もそうですが，まじめな話をずっと真面目に話されていたら聞いていられませんよね。

　懇談も優しく穏やかにいきましょう。優しいといっても，保護者に媚びるような話し方をするのではありません。厳しく攻め立てるような口調で話さないということです。
　僕は若いとき，保護者に攻撃的な口調で話していました。子どもの状態をきっちり指摘して，
「こういうことをしていたら，後々，問題になります。」
とか，
「おうちでも，しっかりと見てもらわないと困ります。」
とかいうようなことを話していました。おうちの方の在り方を追及していたのです。
　でも，いつの頃からか，穏やかに話すようになっていきました。子どもが産まれて，親というものがどれほど大変な思いをして子どもを育てているのかが，ようやく分かったからかもしれません。何度も痛い目に合って，しだいに親の考え方が分かっていったからかもしれません。
　穏やかに話していると，相手も自分の思いを出しやすいものです。お互いに意味のある生産的な話がしやすいものです。
　保護者と言い合いをして勝ったからといって，教師の得るものは何もありません。ただ，自分のプライドが満たされるというだけのことです。懇談は「対話」なのです。

※「対話」

「dialogue」のことです。「dia」は「〜を通して」ということ。「logue」は「言葉」です。「言葉を通して…」というのが「対話」の英語「dialogue」の意味です。

❺ 挨拶

　学校で保護者に出会ったときに、どんな挨拶をしていますか。

　軽く会釈ですか？

　この挨拶一発でかなりのものが伝わると自覚してください。相当考えて挨拶したほうがいいでしょう。

　保護者とは毎日顔を合わせているのではないのですから、その出会ったときの印象がずっと残っていく可能性があります。何人かいらっしゃったら、一人ひとりと目を合わせながら、ていねいに挨拶してください。たかが挨拶ですが、その後の教育効果は絶大です。

　挨拶は、人との距離を近づける有効な手だてです。逆に挨拶がいいかげんだと、相手との距離が広がると思ってください。

　そして、言葉はていねいに。たとえ親しい保護者であっても、「よっ。」なんて友だちへの挨拶みたいなことは厳禁です。

　挨拶がていねいだから信頼されなくなるということは、絶対にありません。

　そして、声は、大きくがんばって出すことです。僕は声を出すことが苦手でした。今でもがんばらないと大きな声で挨拶できません。それでおそらく今まで損をしてきただろうと思います。

　この章の最初にも書きましたが、僕は愛想が悪いととられて、よく誤解をされましたから、みなさんは僕の過ちと同じ轍を踏まないようしてください。

4　参観日の翌日から学級が崩壊する

　参観日に関連したヒドゥンカリキュラムの話をしましょう。
　参観日の次の日から学級崩壊がスタートするということを，各地の講演やセミナーなどで機会あるごとにお話して，参観日をおざなりにしないように注意しています。
　新学期が始まって，保護者は子どもや他の保護者から先生のさまざまな情報を得ています。偏った情報ではありますが，評判などは伝わりやすいものです。
「今度の先生はイマイチみたいだけど……」
という不安な気持ちで参観に来られている保護者もいらっしゃいます。
　そのときに，保護者を納得させられるような授業ができればいいですが，
「やっぱりこの先生はダメだわ。」
と思われてしまったら，どうなるでしょうか。
　まず，今どきの保護者ですから，LINE で，
「今度の先生，やっぱりはずれだわ。」
というような言葉が回ります。
　ひどいときには，授業中にリアルタイムで回ることもあります。怖い時代ですね。
　そして，参観に来られた保護者同士でファミレスなどに集まって，今度の先生がいかにダメかという話し合い（？）をする場合もあります。先生のダメ話はそこで増幅されます。

さらに，家に帰って，わが子に，
「あの先生はダメよね。」
とか，
「今度の先生の授業，分からないわね。」
等という話をします。

昔の保護者は，子どもの前で先生の悪口を言うことはひかえていらっしゃいました。保護者にも矜持があったのです。でも，今どきの保護者は平気で子どもに先生の悪口をおっしゃいます。保護者から悪口を聞いた子どもは，なんとなく先生に対して思っていたことが間違いないのだと確信を持ってしまいます。つまり，今度の先生はよくないのだと思ってしまうわけです。

その子たちが次の日に学校に来て，担任の話をちゃんと聞こうとするでしょうか。無理ですよね。話を聞かなくなります。

「参観日の翌日から学級が崩壊する」
というのは，そういうことを指します。

実際にはこんな単純にはいきませんし，子どもたちに支持されるための要素は他にもありますから，絶対ということではありませんが，最初の参観日の授業が大切だということはお分かりいただけたことと思います。

❶ 服装のだらしなさは品性のだらしなさ

見た目のところでも触れましたが，服装は大事です。参観日だからといって，その日だけネクタイというのも考えものだし，学校全体のバランスというものもあるので，ネクタイとスーツである必要はありません。校長から始まって全教員がクールビズでノーネクタイなのに，一人だけネクタイをしているというのは，かえって「おかしな人」だととらえられてしまいます。

それと，ネクタイさえしていればよいかというと，その着け方も問題です。だらしない着け方というものがあります。それが一番よくないのです。ネクタイがゆがんだままであったり，襟元をラフに緩めていたりすることは，見る人によっては格好いいかもしれませんが，逆に軽い人間だと受け取られ

る危険性も高いと思ってください。

❷ ふだん通りの授業なんてあり得ない

　参観日にはどのような授業をすればよいのでしょうか？
　Chapter2の1（18ページ）で述べたように，保護者が求めるような授業をするべきなのです。
　保護者の側から考えてみましょう。
　参観日の授業をふだん通りの授業だなんて絶対に思っていません。
　「参観日でこの程度なら，普段はどれだけつまらない授業なんだろうか」と，思うものなのです。
　優秀な教師はそこをよく分かっています。だから，参観日の授業を大切にします。
　僕は基本的に一斉授業で，子どもたちがきちんと教わっているということの見える授業を意識していました。若手にも，最初の参観日は一斉指導のほうがよいと教えています。保護者の求める授業とは，次のようなものです。

・子どもたちが話をよく聞いている姿が見られる。
・子どもたちが学んでいるという実感が見える。
・子どもたちの元気な声が教室に響いている。
・静かにしているときと，わっと盛り上がるときがあり，メリハリがきいている。
・教師の工夫が見える。

　こういうことを考えて授業をつくっていきましょう。
　ただし，工夫というものがそのときだけしかしないものであれば，子どもたちがおうちの方に指摘します。
　いつも参観日だけフラッシュカードを作る先生がいました。ふだんはそういうものは使いません。しかも，発問をカードに書いただけのものなのです。

子どもたちが保護者に，
　「明日は参観日だから，あの先生，紙に書いたのを黒板に貼るよ。参観日だけだけどね。」
というようなことを言っていたそうです。
　そういうのは，「工夫」とは言いません。

❸ 保護者はよく見ている

　独特の学習法を教室に持ち込むとき，先生仲間からは「なるほど」と感心してもらえるかもしれません。
　でも，保護者はどうでしょうか。
　「参観日に先生は，何か変わったことをしている。この先生のやり方で大丈夫なんだろうか」
と，不安に思うこともあると，知っておきましょう。
　保護者は専門的な見方はしません。授業というものに対して，教師のような見識を持っているわけでもありません。
　ですから，素人から見ても納得のいくような授業を参観日では見せるべきですね。
　それでいて，保護者は細かいところまでよく見ています。素人だからといって，何も分からない人たちではありません。よく先生を観察して，かなり的確な判断を下すものです。手を抜いていたらすぐに見抜いてしまいます。参観日にわざわざ学校に来てくださる方は少なくなりました。今，いらっしゃる方は，教育への関心の高い方だと考えるべきですね。

❹ 成功する参観日の授業

　「こうするべきだ」
と，考え方だけ説明していても，なかなか具体的にイメージできないでしょう。参観日の授業の例をあげましょう。
　僕の専門教科，国語で示したいと思います。

❺ 新学期のスタートからずっと続けてきていることを

　僕は今どきの子どもたちに合った授業の形として，オムニバスの授業を提唱しています（今は「モジュール」という言い方が広まっています）。45分間を3つに分けて，5分―10分―30分という流れをベースにしてきました。
　そのオムニバスの具体例を示しましょう。

　まず，国語の最初の5分は音読が主体です。楽しい音読の教材を持ち込んで，子どもたちが声を出すことを楽しむようにしてきました。音読は体温も上げるので，脳も活性化されます。スタートとしては，最適でしょう。
　これをずっと続けてきたのなら，参観日の当日も同じようにして，保護者に観てもらいましょう。
　元気な音読の声の響く教室って，いいものです。保護者のみなさんも，きっとそう感じてくださることでしょう。

　さらに，次の10分間では，「聞いてQ」といって，子どもが僕の読むのを聞いて問いに答えるということをしてきました。これは，子どもたちが真剣に聞いている状態をつくります。
　僕が「聞いてQ！」と大きな声を出すと，子どもたちはさっとノートの一番最後のページを開いて，鉛筆を持ってかまえます。これも，4月当初から練習してきたことです。

■　聞いてＱ　『あし』　新美南吉

① 　二ひきの馬が，まどのところでぐうるぐうるとひるねをしていました。

　　すると，すずしい風がでてきたので，一ぴきがくしゃめをしてめをさましました。

　　ところが，あとあしがいっぽんしびれていたので，よろよろとよろけてしまいました。

「おやおや。」

　　そのあしに力をいれようとしても，さっぱりはいりません。

　　そこでともだちの馬をゆりおこしました。

「たいへんだ，あとあしをいっぽん，だれかにぬすまれてしまった。」

「だって，ちゃんとついてるじゃないか。」

「いやこれはちがう。だれかのあしだ。」

「どうして。」

「ぼくの思うままに歩かないもの。ちょっとこのあしをけとばしてくれ。」

　　そこで，ともだちの馬は，ひづめでそのあしをぽォんとけとばしました。

「やっぱりこれはぼくのじゃない，いたくないもの。ぼくのあしならいたいはずだ。よし，はやく，ぬすまれたあしをみつけてこよう。」

　　そこで，その馬はよろよろと歩いてゆきました。

「ヤァ，椅子がある。椅子がぼくのあしをぬすんだのかもしれない。よし，けとばしてやろう，ぼくのあしならいたいはずだ。」

　　馬はかたあしで，椅子のあしをけとばしました。（後略）

問１　馬は，なぜよろけてしまったのですか（後足がしびれていたから）。

問２　その馬は，どうしてよろけたと思ったのですか（後足がぬすまれたと思ったから）。

問３　けとばされた椅子は，どうなったと思いますか。

こうしたスタートから継続してきた学習というものを観てもらうことは，保護者に安心感を与えます。

■メインの授業では展開を練る

メインとなる授業は，一斉授業が基本です。協同学習は，前述のように保護者の理解が得られるかどうかは疑問です。授業に組み入れるとしても，一部にしたほうがよいでしょう。

教師主導の授業でよいと思います。保護者は，初めての先生を観にきているのです。

指導書に書いてある通りの授業では，保護者に信頼してもらえる授業にはなりません。発問を絞り込んだ授業を考えるべきです。先生がずっとしゃべり続けている授業も問題ありです。

例えば，教科書（光村図書・3年）の『きつつきの商売』の授業で述べましょう。

【発問】昨日，学習したことを思い出そう。
　　　　（前日に音読の「ひけつ」について学んでいる。前日または，数日前に本番に向けて事前学習をする。参観日当日に突然出てきたものではないことになる。こういうのを「仕込み」という。）
【発問】音読のひけつとは，なんだったかな？

```
「　　」（会話文）の読み方は
【　　　　　　　】に書いてある。
```

　　　　（と板書して，【　　　】に当てはまる言葉を答えさせる。）
【発問】では，今日は，「　　」の読み方を『きつつきの商売』で考えていきましょう。まず，各自，立って，自分の速さで1場面を音読してください。
　　　　（こういう音読の仕方のパターンは，4月当初から実施してきて，子

どもたちも慣れていることが望ましい。）
【指示】ノートに会話文を書いていきましょう。
　　　（はじめの２つの会話文を視写させる。ただし，きつつきが書いたことは会話文ではないことを考えさせる。）
【発問】「へええ。どれでも百リル。どんな音があるのかしら。」と言った人物を書き，どんな言い方をすればよいかを考えて書きなさい。
　　　（この後，各自で練習して，発表させる。）

とてもシンプルで当たり前の授業ですが，
・子どもが何をするべきかがはっきりしていること。
・個々で考える時間があること。
・書く時間もつくっていること。
・１時間を通して，学ぶことが分かること。
以上のポイントを踏まえているのです。奇をてらった授業にしなければならないわけではありません。

■テンポよく進める

　授業の準備をしっかりしていても，実際の授業でテンポがよくないのでは，保護者に納得してもらえません。テンポよく進めることを意識しましょう。
　考える時間をタイムで切ったり，切り替えるときのめりはりをはっきりさせたり，節目となる発問はゆっくりと大きな声で話したりというようなことを意識して臨みましょう。
　いずれにしても，しっかりと準備することです。
　最初の参観日の前日に，次の日の模擬授業を教室で自分でやってみるということも，考えてください。
　ともかく，準備を怠らないことです。

5 子どもを通して保護者に伝わること

　子どもを通して，子どもの口から家庭に伝わっていくことがあります。それは果たして正確な情報として伝わっているのでしょうか？
　保護者は，毎日先生を直接観察しているのではありません。
　子どもたちが家で話していることを通して，先生というものを見ているのです。
　どんなふうに家で伝わるのかということは，知っておいたほうがよいと思いませんか。

❶ 間やタイミングまでは伝わらない

　冗談やギャグは，いつでも場に応じて使われます。
　その場では大うけで楽しいものであっても，子どもが家で話したら「えっ？」と思うようなものもあります。
　子どもたちの間で受けているからといって，そのまま家庭に「おもしろい先生だ」と伝わっているとは限りません。
　サービス精神の旺盛な先生がいました。いつも冗談を言って子どもたちにあきれられたり，子どもたちを笑わせたりしていました。子どもたちがおうちで毎日のように，
　「〇〇先生って，こんなことを言ったんだよ。」
と，保護者に話していました。
　保護者の方の評価は２つに分かれていました。「おもしろい先生だ」という評価と，「つまらない冗談ばかりの先生だ」という評価でした。これって，同じことをプラスとマイナスの両面から見たことですよね。
　あるとき，保護者からのクレームがきました。それは，
　「うちの家の苗字を冗談にしないでください。」

ということでした。具体的には書けないのですが，苗字は家を表す大切なものです。学校では笑えても，家の人が聞いたら容認できないものだということがあるのです。

名前も，保護者は子どものことを真剣に考えて考えてつけたものです。簡単にだじゃれにして笑いの対象にすることなどは，慎みましょう。子どもたち同士ではOKなことであっても，先生が言う場合は教育的な価値があることではありません。

その大切な名前を先生にけがされることには，耐えられない保護者もたくさんいると考えることです。子どもたちは笑いますが，その後で，問題になることは避けたいものです。

あるマンガに出てくる登場人物にそっくりな女の子がいました。その子のことをマンガの人物の名前で呼んで遊ぶ先生がいました。子どもの容姿に関わることは，保護者相手でなくても，大問題です。子どもと親しくなるために，その子の容姿や体型を取り上げる等ということもまた，慎むべきことですね。

特に危険なのは下ネタです。下ネタが受けて子どもたちが笑っていても，それをそのまま家で話されたらちょっとまずくないですか。

やはり，下品なネタや言葉は危険なので，十分に気を付けましょう。

教室に笑いは絶対に必要なものですが，お笑いタレントではないのですか

ら，どんな手段を使ってでも笑いをとる等ということは，必要ないことだと思います。

❷ 楽しい授業をつくるということ

「今日の授業楽しかったなあ。」
と，子どもが言うのは，1時間の授業がフルタイム楽しかったときではありません。
　はっきり言って，全ての時間が楽しい等ということはとても難しいことです。小学校の場合，1日におよそ5時間5教科の授業をしています。その全てにわたって楽しい授業をする等ということは神業に近いことで，ふつうの人間にはできることではありませんしね。そんなことを目指したら，自分がつぶれてしまいます。
　でも，1日授業をして，たとえ一つだけでも楽しいことがあったら，子どもたちは，
「楽しかったね。」
と言ってくれるものです。
　例えば，音読が楽しい教材だったり，言語事項の学習がビンゴとかでゲームのようになっていて楽しかったり，読み取りが知的な楽しい学習方法だっ

たりしたら，それだけで，
「今日の授業は，なかなか楽しかったよ。」
と，家で言うものです。
　逆に，全然楽しいことのない授業ばかり続いたら，子どもたちは，
「つまんない。おもしろくない。」
と言うでしょう。
　子どもが「授業がつまらない」と言ったら，保護者は不安に思います。おうちに帰ってきたとき，子どもがその日の楽しかった授業の話をしていたら，おうちの方は，少し安心するものです。
　もちろん，授業は子どものためにしているもので，保護者に直接関係ありませんが，授業が楽しいということは，子どもから保護者に伝わる最高の評価だということを知りましょう。

❸ 先生のことだけは，何でも話している

　先生の一挙手一頭足まで，全部話すのが子どもです。
　思春期になって学校の話をしなくなっても，先生についてだけは，ぽつぽつと話しています。
　教師が子どもたちに対してすることには，基本的に秘密なんて存在しないと思ったほうがいいでしょうね。
「お母さんには言うなよ。」
と言ってから子どもたちに話をしたら，ほぼ確実に保護者に伝わると思ったほうがいいでしょう。
　人の口に戸は立てられないと言いますが，まさしくそうで，子どもたちは秘密になんてしてくれません。「言うなよ。」と言われれば，よけいに言いたくなるのは当たり前のことです。

　つまり，学校での教師の言動は全て保護者に伝わっているのだから，いつもそのつもりで教師は行動していなければならないということです。

保護者が問題にする教師の態度をいくつか挙げてみましょう。
・よく，子どもを膝にのせている。
・特定の子どもばかりに頼みごとをする。
・機嫌が悪い。笑顔が少ない。
・いつも下を向いて歩いている。
・怒鳴り散らす。

挙げ出したらキリがありませんが，こういうことが保護者が見ていなくても，子どもを通して伝わっているのです。自分の言動はいつも保護者に晒されているという意識で教壇に立つべきだと思います。

❹ 言った通りに伝わると思うな

　教師は，自分の話したことがその通りに家庭に伝わっていると勘違いしがちです。

　子どもは，自分に都合の悪いことは言わなくなっていくものですし，親に伝えたら，

「あなたは大丈夫でしょうね。」

と，うるさく注意されたりする可能性のあることは言わないものなのです。

　例えば，友だちをいじめていて先生から注意された子どもがおうちの方にその通りに話す確率はほとんどないと思います。

「私がAさんのことをみんなでバカにした。」

などということを言えるはずがありませんよね。

　また，登下校の態度について厳しく指導されたとき，高学年の子どもたちがおうちの方に，

「僕たちの登下校の態度がよくないと，先生に毎日注意されている。」

と，子どもたち全員がおうちで話すでしょうか？　これも，あり得ないことです。

　そこを分かっておかないといけません。つまり，保護者に教師の指針を伝えるということを考えておかねばならないのです。

でも，保護者会になかなか保護者が集まらない昨今，保護者会で話すことは，一部の方にしか伝わりません。そこで，保護者会で話したことは，通信できちんと伝える等の工夫が必要です。通信というのは，きちんと伝える有効な手だてです。それについては，**Chapter5**（100ページ～）で詳しく述べます。

　先生が，言ってもいないことを言ったことになってもめたという話もありますから，怖いですね。大切なことは，きちんと保護者に伝えることを考えましょう。子どもたちに言いっ放しはよくありません。

6 個人面談で気を付けること

　個人面談のときに，知らないうちに保護者に伝わっているものを考えましょう。

　個人面談では，1対1で近い距離で話すことになります。教師は話の内容だけが保護者に伝わると考えていますが，保護者は話の内容だけに注目しているのではありません。

　話し方，言葉の使い方，まなざしから態度に至るまで，全てに注視しています。まさしく教師の人間そのものがヒドゥンカリキュラムとして伝わっていくのです。

　自分という人間を懇談があるからといって変えることはできません。僕がよく言う等身大であることが一番大切です。

　しかし，ほんの少し気を付けたら，保護者に伝わるものが違ってくるということは意識したほうがいいでしょう。

❶ 視線を合わせないと嫌われる

　「見た目は大きな判断要素である」のところでも述べましたが，保護者が決定的に嫌うことの一つが，先生が目線を合わせないということです。

　視線を合わせることが極度のストレスになる方もいらっしゃいますが，やはり，教師が目を合わせないというのは，保護者の不信を招くようです。

　個人面談はまさしく顔を突き合わせて語り合うのですから，視線を合わせない先生の不気味さは際立ってしまいます。大げさな言い方をしていると思われるかもしれませんが，僕は実際に保護者と視線を合わせない教師を何人か知っていて，ことごとく保護者からは信頼されていないのです。決して誇張して述べているのではありません。

　かなりの決定的要素になります。

❷ 真正面は疲れる

　個人面談のときは，正対して話していますか？

　それならば，保護者によけいなプレッシャーを与えることもあります。横に並ぶのは変ですが，せめてちょっと椅子の角度をつけてみてはどうでしょうか。

　先ほどの視線を合わせないことと矛盾しているかもしれませんが，あまりにも真っ直ぐ見据えられるのも，しんどいものがあります。まともな話を真っ直ぐにするのは，正当なことではありますが，保護者の方は強いプレッシャーを感じることがあるのです。

　と言いつつ，僕は教職の最後のほうまではほとんど正対して話していました。今にして思えば，もう少し工夫すべきだったかなあと思っています。

❸ 皮肉は厳禁

　皮肉を言う先生は，大きなマイナスのヒドゥンカリキュラムを持っていると考えるべきです。

　皮肉を言う先生を心から信頼することは，絶対にありません。

　ところが，皮肉を言う人は，自分では言っていることになかなか気づかないものなのです。

　例えば，ちょっとぽっちゃり型の子どものお母さんに，

「体型は遺伝するんですかね。」
なんて言って笑った先生がいました。保護者もそのときは笑っていました。
　でも，内心ははらわたが煮えくり返りそうだったそうです。
　皮肉というものは，言われた者にとっては笑うしかないのです。直接攻撃ではないから，怒りにくいものなのです。
　だから，よけいに傷つき，恨みが残りやすいものなのです。

❹ 当たり前のことばかり言うな！

　よく保護者から聞く否定的な言葉に，
「あの先生は当たり前のことしか言わない。」
ということがあります。
　見れば分かる成績の話などはその典型です。例えば，
「お宅のお子さんは点数があまりよくないですねえ。」
というような言葉です。
　テストの点を見れば誰でも分かることを言っているにすぎません。このような言葉を懇談で言うことには，何の意味もありません。どの点が問題でこういう結果になっているのか。何を改善していけばよいのか。それを何も伝えられなくて，当たり前のことしか言ってないのでは，保護者は信頼してくれないでしょう。
　教師として，プロフェッショナルとしての言葉を出せなくては，信頼は得られませんね。
「テストではいつも漢字の書き取りでつまずいています。ですから，テスト前に……というやり方で，テスト範囲のところを少し練習してはどうですか。かなり改善されると思いますよ。」
「計算の間違いを細かくチェックしていると，九九の７の段をときどき間違えています。７の段の練習をしっかりとやり直して完璧にしてください。計算力がぐんとアップすると思いますよ。」
というようなことです。

　生活面で言うと，
　「声をかけるとびくっとしたり，目が泳いだりしているときがあります。何かにおびえているようなところがありますが，何かおうちで気づかれたことがありますか？」
というような具体的事実を話していくと，おうちの状況を話してくださるものです。
　いわゆる「いい子」だと言われてきた子どもの保護者に事実を挙げて話していると，
　「ずっと『問題ありません』と言われ続けてきました。それがとても不安でした。初めて子どもの様子をちゃんと聞きました。」
と言われたことが何度もあります。
　ただ「いい子」として見るのではなく，問題の有る無しにかかわらず，子どもを観察して得た事実を記録して保護者に伝えていたからだと思います。

> 普段の記録——子ども理解——保護者に話す

ということで，子どもの事実を語れるようにしましょう。教師の思っている

ことよりも，具体的な事実が大切です。

❺ 言い負かせても，納得にはならない

　子どもがした行為について，保護者のとらえ方が間違っていました。たしかに，その子の態度はよくなかったのですが，保護者はそうとらえていませんでした。

　ある先生は，それに対して保護者を理屈でねじ伏せました。見事に言い負かして，気分がすっとしました。職員室で，

「親に言ってやった。こてんぱんにやっつけたから，ちょっとはこたえただろう。」

と自慢していました。

　裁判ならば，それでよかったかもしれません。勝ち負けを争うところですから。

　しかし，学校は子どものための教育を行うところです。言い負かされた保護者の心には，自分や子どもの思いが全く否定されたことの悔しさしか残りませんでした。

　大切なのは，保護者が，

「ああ，そうですねえ。うちの子も考えないといけませんね。」

と，納得することなのです。言い負かして恨みだけ買って，後々の教育がうまくいくとは，とうてい思えません。

　教育における勝者は先生でも保護者でもありません。子どもたち自身です。先生が保護者に言い勝つなんて大したことではありません。ただの自己満足です。

　保護者と子どものために話し，よい関係を築くために個人面談をしているのです。

　懇談していたら，嫌なこともあります。自分には合わないタイプの保護者だっていらっしゃいます。

昔，とても愛想の悪いお母さんがいらっしゃいました。いつもむすっとしていて，僕は苦手でした。職員室でも，
「あの方との懇談はやりにくいなあ。」
と，有名でした。
　僕は3人の姉弟を担任しました。いつも笑顔は心がけましたが，いつもむすっとしていらっしゃるので，淡々と事実を語るようにしていました。
　しかしあるとき，弟の懇談のときに，以前担任したお姉さんの相談をし始めたので驚きました。信頼してくださっていたことが分かる相談でした。
　やはり，誠実に子どもと向き合い，一人ひとりの事実をきちんととらえてお伝えすることが信頼につながったのだと思っています。

7 言葉の使い方に気を付ける

　保護者に対する言葉の使い方にもヒドゥンカリキュラムがあります。
　言葉は恐いものです。言葉の使い方一つで，自分の思いもよらないことが勝手に伝わってしまったりします。
　そのいくつかを，考えましょう。

❶ 被害者の心理を考える

> 　「○○君は正義感が強すぎて，ついやりすぎてしまうときがあるんです。分かってあげてください。」

　これは，「親塾」を通じて実際に保護者から聞いた言葉ですが，子ども同士のトラブルで被害者となったこの保護者に対して先生が言ったものです。
　これって，決定的に被害者を貶めている言葉ですね。
　「正義感が強い子が，あなたのお子さんのひどい行為を許せなかったから攻撃したんですよ」
と言っているわけです。そんなことを言われて，
　「なるほど，そうですね。やられたうちの子が悪いんですね。気を付けさせます。」
等と保護者がおっしゃるはずがありません。
　こうしたよけいな教師の主観をくっつけて話すと，冷静な話し合いにならないのです。

> 　「長い目で見てあげてください。」

これをわが子について言われたのなら，保護者も納得するでしょう。
　しかし，前述の言葉と同じように，トラブルの被害児童の保護者に対して放った言葉なのです。
　「いやいや，長い目って。今の目の前のうちの子がやられていることは，どうなるわけ。」
と，保護者は思われるでしょうね。これも納得できる言葉ではありません。
　被害を直接受けた子どもの保護者が望むことは「安心」だということは，肝に銘じておかねばなりません。

❷ 言葉の端々に本音が見えてしまう

> 「このことはがんばっているんですけど……。」

　こういう言い方を保護者に対して使ったことはありませんか？
　「……は」という助詞が危険なことは，いろいろなセミナーでよく話しています。「このことは」と「は」をつけているために，
　「他のことはがんばっていませんが……。」
というメッセージが伝わってしまうことがあるのです。
　「ここでもがんばっています。」
と言えば，いろんなところでがんばっているというニュアンスが伝わります。

❸ 預言者になるな！

　先生が責任を持てるのは，担任している１年間だけです。
　一生，その子のめんどうをみるのは，保護者だけなのです。そのことを自覚しましょう。
　「こんなことをしていたら，将来ろくなことになりませんよ。」
とか，
　「この子の将来が心配です。」

とかいうような言葉を発していませんか。
　こんな将来のマイナス予想をしてごらんなさい。
「ほっといてくれ」
と，保護者は思うでしょうね，口にしなくても。
　将来が心配だなと思う子どもはいます。教師は子どものことを真剣に思うので，そんなふうに思うことがあるのは当然です。
　しかし，もしも心配だと思っていたとしても，決して口にしてはいけません。

　教師は，子どもに希望を持ち，夢を語らないと……。
　予言した通りの問題が起きたら，
「やったあ。僕の言った通りになっただろう。」
と，喜ぶことができますか。
　そして，予言通りにならなかったら，
「あの先生の言うことは当てにならなかった。」
と，思われることでしょう。
　いずれにしても，いいことは何一つありません。

　将来が心配だと思った子どもが立派な大人になった実例を，たくさん僕は見てきました。

COLUMN

同じ方向を向くことの大切さ
―どちらも子どもについて知らない者同士―

　子どものことを「分かっている」と思ったときが，いちばん自分のよくない状態のときだっただろう。

　教師はどうしても自分が一番子どもを分かっているような気持ちになりがちである。そして，

「あの親は分かっていない。」

などということを平気で言う。

　１年生を１回だけ担任しただけで，

「俺は１年の経験者だ」

と思い込んでいるような教師はたくさんいて，そういう人たちが先ほどのような言葉を発する。

　僕は６回も１年生を担任したが，同じ１年生でも６回とも全部違う。

　かほどに，子どもというのはみんな違っているのだ。

　もちろん，保護者だって子どものことは分かっていない。だからこそ，いろんなことで悩むのだ。誰だって親の経験はなくて子どもを持つのだ。もちろん，兄弟がいたら一人っ子よりも心の余裕はあるかもしれない。しかし，兄弟がいたって，お兄ちゃんのいる弟を持つのは初めてだし，４人目だってその

たびごとに初体験なのだ。

　そんな分からない者同士だってことを自覚したら，お互いに協力しようとするだろうにね。自分は分かっていると思うから，協力できないんだよね。

　子どもには二面性がある。学校と家ではまったく違う姿を見せる。内弁慶で学校ではひと言もしゃべらない子どもがおうちではおしゃべりだったという実例をいくつも知っている。その逆で，おうちではお利口さんで，学校では暴れまわる子どももいた。
　どちらも，その子なんだよなあ。
　その両方を知ったら，その子を理解することに近づいていく。
　だから，先生と保護者はお互いの知っている子どもの姿を出し合う必要があるということ。
　でも，先生は比較的自分の見ている子どもの姿を保護者に言うんだけど，保護者はなかなか言えない。その根底にあるのは，

「信頼」

なんだと思う。
　信頼できない教師に誰が本当のことなんか言うものか。言ったらひどい目に合わされるかもしれないのだから。
　だから，こちら（教師側）が信頼されるように考えていくことが先なんだと思う。
　「俺は分かっている」という姿勢で保護者に臨むことで信頼されるかどうか？　考えてみれば当たり前のことだ。同じ方向を向いて子育てするためには，まずは信頼されることだけど，それがまた難しいものだ。
　ともかく謙虚であること。
　子どものことは自分もよく分かっていないのだという姿勢でないと，保護者の見る子どものことも分からない。

Chapter

4

具体例でわかる！
保護者対応における
トラブル・チャンス

ケンカ・いじめ・事故・もの隠し等，学級ではさまざまな問題が起こる。「トラブル・チャンス」とは，そうしたトラブルを子どもたちにとってのチャンスだととらえようという考え方である。そういう姿勢が，子どもたちを育てる。

1　雨降って地固まる

　保護者との間にも、さまざまなトラブルが起こります。ほとんどの場合、子どもに関連したことです。そのようなトラブルを経験したことのない教師は、存在しないと言ってもよいでしょう。
　その対応の仕方を誤ると、学級が立ちいかなくなったりします。保護者とのトラブルが原因で教師を辞めた人もたくさんいます。トラブルの対応というのは、学校教育の中でも最も重要なウエイトを占めることなのです。

　そうした保護者対応のトラブルは、なかなかチャンスだとは思えないことだと思います。そういう割り切りは難しいものです。
　それでも、あえて「トラブル・チャンス」だと考えるべきだと思っています。

　こんなことがありました。書き方の鉛筆を隣の子どもが持って帰ってしまい、次の日に返してもらったけど、短くなっていたという事件でした。おそらくは、気づかずに筆箱に入れてしまって、違っていると気づいたときはもう書き方鉛筆を削ってしまっていたということだったのでしょう。
　持ち帰られた子どものお父さんが激怒して、電話をかけてこられました（今とは違って、教師の住所や電話番号が保護者にもオープンになっていた時代のことでした）。
　僕が直接何かをしたわけではありませんでしたから、平身低頭で誤ったわけではありません。そのお父さんはお酒も呑んでおられたのでしょう、
　「どういう始末をつけるつもりなのか！」
とか、
　「相手の家は謝りにも来ない。」

とか，大変でした。まさかこの程度のことでおうちへ謝りに行っていたら，大変です。僕は持ち帰った子どもの保護者には，
「お電話，1本入れてくださるといいですよ。」
とお伝えしていたのです。

それから2時間近くも電話で文句を聞いていました。このお父さんは少しめんどうな方だと職員室で言われていた方でしたから，
「ああ，これがそういうことなんだな。」
と，思いながら聞いていました。
「なるほど。お気持ちはよく分かります。そう思われることも，ごもっともです……。」

決して相手側の保護者のことを悪く言わないように気を付けながらも，お父さんの気持ちをできる限り受け入れるような調子で話していました。

すると，1時間半を過ぎたあたりから，徐々にトーンダウンしてきて，最後には，
「長々とつまらない話を聞いていただいて，申し訳ありませんでした。先生のおっしゃる通りにしていきます。こんなにきちんと話を聞いてくださった先生は初めてです。これからも，娘をよろしくお願いします。」
とおっしゃって電話を切られました。

そのあと，そのおうちはとても協力的で，お父さんが率先していろいろなことに手助けしてくださいました。まさしく，「雨降って地固まる」という結果になったのです。

これ，もしも僕が，
「お父さんのおっしゃることは，おかしいですよ。」
等と言っていたら，もっともめていたでしょうし，その後，いろいろなことについてやりにくくなったに違いありません。

僕はこのときに，
「保護者の話はめんどうであっても，じっくりと聞かなければいけない」
ということを学びました。

2 先手必勝で臨む

　「先手必勝」というのは，ともかく保護者に対しては先手必勝で臨み，後手に回らないようにするということです。
　ベテランはこのあたりがよく分かっていて，後手に回らないように先に手を打ちます。
　後手に回ってから関係を修復するのは，とても難しいからです。
　若手はどうしても後手に回りやすいものです。経験が少ないですから。トラブルのときに保護者がどう出てくるかの予測ができないのです。もちろん人によって出方は変わります。でも，多くの場合はこういう出方をするだろうということを知っているだけでも，かなり心構えは違ってきます。
　こうしたトラブルへの予測は，最悪の事態を想定することが重要です。リスクマネジメントは，常に最悪の事態を想定するものですから。最悪を予想して，そこから対策を立てておくということです。
　「先手必勝」ということは，言い換えると「準備必勝」でもあるわけです。

❶ 連絡帳のひと言は効く

　連絡帳に保護者が何か書いてきたら，どうしていますか？
　もちろん，クレームならば，きちんと書いて対処するでしょうし，場合によっては学校に来ていただいて話をしますよね。
　質問があれば，当然それに対して答えるでしょう。
　ここで言っているのはそういう場合のことではなくて，
　「明日，検査があるので午前中休みます。」
とか，
　「体調が悪いので，カイロを持たせています。」
とかいうような届けを連絡帳に書いてきた等の場合です。

そのときに「見ました」とか，ハンコを押しているだけとかは，先手必勝とは言えませんね。

ひと言添えるのが優れたベテランです。

「何事もないといいですね。」とか，

「そういえば，昨日，よくくしゃみをしていました。暖かくして早く治してあげてください。」

とかいうようなことを書くのです。

それだけで，かなり違うと思いませんか。保護者から連絡帳が来たら，ある意味，チャンスなんですよ。

朝，子どもが連絡帳を持ってきたら，まず，内容を確認します。内容によってはすぐに対応しなくてはならないこともあるでしょう。しかし，多くは前述のような当たり前の連絡です。

それをチャンスと考えるのです。

連絡帳をすぐに返さずにその子の様子を観察して，おうちに伝えられる「いいこと」を見つけたら，連絡帳に書きます。ずっと見ていたら，何か書けることは見つかるものです。

子どもが持って帰ってきた連絡帳にハンコだけ押している場合と，ひと言子どものことが書いてある場合とでは，保護者のとらえ方は全然違いますよね。こういうことの積み重ねが，保護者との信頼関係を構築していくのだと思います。

❷ 電話に要注意

以前の学校で，先生が職員室で電話をしているのを聞いていたら，

「うーん。今のひと言は余分だぞ」
と，思うようなことがときどきありました。
「そうですね，お母さん。確かにD君は無神経なところがあります。」
「お姉さんも，くせがある子でしたね。」
というようなよけいなひと言です。言っている先生は相手の保護者に何か伝わっているとは意識していません。

顔を見て対話しているならば，自分の発した言葉に相手がどう反応したか，顔の表情を見れば分かります。
「あっ，何か気分を害されたな」
と，気づくことができます。すぐに言い直したり，相手に気分悪くされたかをたずねたりという対応が可能です。

でも，電話ではそうした相手の反応が分かりません。
「無神経な子」と言われた保護者がどんな顔をしたのか，ちょっと聞いていて怖かったのです。
「くせのある子」という言葉を，その保護者は笑って聞き流してくれたのでしょうか？

電話での言葉は，選んで最小限にまとめたほうがいいのです。場合によっては下書きして話してもいいくらいです。すぐに話せるのが電話の強みです。直接話しているのと同じように思ってしまいがちです。

しかし，実はコミュニケーションのツールとしては，あまり有効なものではないと心得ましょう。

そのうえで，電話を先手必勝の手段として活用しましょう。

例えば，学校で顔に怪我をして帰ったとします。学校からの連絡

なしで帰ってきたわが子の顔に大きな絆創膏が貼ってあったら，保護者は驚くでしょうね。帰る前に怪我の程度を伝えられていたら，保護者も大慌てしなくてすみます。

　ある学校でのことです。教室で暴れていて，子どもが頭を打ちました。大したことはないと保健の先生と担任が判断しました。そして，そのまま帰してしまいました。
　おうちに帰った子どもが夜中に頭が痛いと言い出して，あわてて救急へ走りました。
　なんと頭蓋骨骨折だったのです。保護者は怒りました。
「どうしてひと言連絡してくださらなかったのですか！」
と，学校に怒鳴り込んできました。
　これはかなり長引いたもめごとになったそうです。当然ですよね。放っておいたら命に関わる大事だったのですから。もしも訴訟になったら，間違いなく学校の責任を追及されたことでしょう。
　子どもに怪我はつきものです。全ての学校事故に責任をとれと言われても，無理なことです。しかし，このトラブルは想定内の話です。
　子どもが家に帰る前におうちに電話を1本かけて事故の状況を伝えて，
「万一のために，病院へ行かれてはどうですか？」
と言えていたら，この案件はそんなにもめなかったと思います。
　電話で連絡がつかないときは，手紙に書いて子どもに持たせることです。少し大げさにしたほうがかえって結果はよいということが多いです。

> 先に言えば連絡。後から言えば言い訳。

3 よく話を聞く

　学級で子どもたちに対するときも同じですが，トラブルの起こったときもまずは話をよく聞くということが大切です。当事者の話をよく聞くということは，たくさん話をさせるということです。事実だけでなく自分の思いも話せたとき，子どもたちは，
　「聞いてもらえた」
という思いを持ちます。安心します。たったそれだけで，かなりの問題は解決します。
　一方，十分に話を聞いてもらえなかったら，子どもは不満を持ちます。
　「自分にだって，言いたいことはあるんだぞ」
と，心の中でいろいろな思いを貯めることでしょう。
　話を聞くというのは，思いを吐き出させて落ち着かせることでもあるのです。
　トラブルが起きたときも同様です。まずは，保護者の話をちゃんと聞きましょう。前項で述べました僕の経験したお父さんの場合でも，時間をかけてじっくりと話を聞いていたからこそ，相手もクールダウンしていったのです。
　聞かなければ始まりません。

　聞くことは，相手の思いを受け止めることだと言い続けています。言葉を聞くことが大切なのではなくて，聞くことで，相手の思いを感じ取ることのほうが重要です。
　これはそんなに難しい技術のいることではなくて，どんな思いで話しているかを考えようという，心の持ち方なのです。
　そのポイントは視線をとらえるということです。
　「ユマニチュード」といって，今，注目されている認知症介護の手法があ

ります。認知症患者に対する暴力の問題がよく報道されていますが，現場の介護をしていらっしゃる方々は大変なのです。実際，認知症の方が暴れることも日常的にあって，抑え込むために力を使って問題になる場合もあるようです。

　今，力を使わない介護の在り方が問われているのです。そのうちの一つが「ユマニチュード」です。この方法では，患者さんと常に視線を合わせて寄り添っていきます。寄り添うことで患者さんが安心してその思いを語ります。要するに「思いを聞く」ための手だてだともいえるのです。

　僕はここに，今の学校教育での可能性をたくさん見出しています。視線をとらえなければ，相手の思いを感じることはできません。相手を見るということが最大の基本ですよね（自閉症スペクトラムの方は，視線を合わせるのがストレスになりますが，例外的に考えたほうがよいでしょう）。
　この視線を合わせるという基本ができていたら，何も恐れることはありません。視線を合わせない教師は嫌われると書きました（51ページ）が，同時に相手の思いを聞き取るために視線を合わせるということを意識しましょう。
　「目で聞く」ということですね。

　何かのトラブルで保護者が連絡してきたら，学校に来てもらって直接話しを聞きましょう。
　「話をじっくりできるチャンスだ」
くらいに考えているといいのです。話をするのは苦手だという先生方もたくさんいらっしゃいます。ふだん相手にしているのが子どもたちなので，大人ときちんと話すことがストレスになるのかもしれません。
　しかし，トラブルが起こったら，直接会って誠心誠意話をすることが，一番の解決策だと心得ましょう。

4 チームという考え方を持つ

　中学校では，構造上チームにならざるを得ません。担任の先生といっても，体育の教師は週に2回程度しか担任している子どもたちに授業はしません。男女別の体育をしていたら，全く授業で顔を合わせない生徒が半数いるということです。
　これでは，子どもたちの授業中の態度等，評価のしようがありません。
　学年の他の先生たちに様子を聞かなければ，生徒のことがつかめなくなるのです。
　ですから，基本的にチームで考えるという発想になるということなのです。

　これに対して，小学校の担任は，ほとんどの教科を受け持ち，1日に5時間近くの授業で自分の担任している子どもたちを教えます。子どもたちとの関係も密になる一方で，他の先生たちの入ってくる余地があまりありません。「学級担任王国」が形成されやすい土壌があるのです。
　ですから，チームという発想になりにくいわけです。仕事の役割分担程度の緩いつながりのチームがいいところです。
　ところが，この多様性の時代になってきて，チームという考え方はどうしても必要になっているのです。一人の先生がそれぞれで全部を背負うのではなく，チームで考えて協同的に働くことが教師集団にも必要になってきました。
　例えば，ADHDの児童が教室に居づらくなったときに空いている先生のいる空き教室に移れば，他の子とのトラブルは格段に少なくなります。お互い様で先生たちが順番に空き時間を使ってそこにいるという場をつくれば，一人だけで考え込まなくてもすむでしょう。
　保護者対応も一人でがんばり抜くのではなく，チームで考えていくという

発想を持ちましょう。

❶ 管理職に全て報告

　管理職に言うと，何か嫌なことを言われたり，評価を下げられたりするのではないかと思うかもしれません。実際に，そういう管理職もときどきいらっしゃるようです。
　しかし，保護者対応は，一つ間違うと自分の仕事を奪われてしまうほどのことになりかねないことへ発展する可能性があります。管理職に逐一報告するというのは，自分を守るためなのです。
　報告して，指示を仰ぎましょう。
　「こういうふうにしなさい。」
と指示されたら，その通りにすればいいのです。もちろん意見も述べたうえでですが。
　指示された通りにすれば，責任は完全に管理職にあります。何かあったとしても，一教員が全責任を負わなくてすみます。
　報告だとは言いながら，実は管理職を巻き込むということなのですね。

　明らかなクレームだという場合は，管理職も同席の上で保護者と話をしましょう。本来は，１対１で腹を割って話すほうがいいのに決まっています。保護者の方も，教頭と担任が並んで待っていたら，話しにくくなるでしょう。しかし，今はそれぐらいしないと後々面倒なことになる事案が多すぎるのです。
　管理職が同席していると，後から言った言わないのレベルの話になりにくくなります。だいたいも

めると,そういう話になりますから。
　保護者も言葉を選ぶようになります。
　さまざまな意味で,管理職を巻き込むということがわが身を守ることになります。

❷ 学年の力を借りる

　僕には若いときに「チーム」という発想はまったくありませんでした。「学級王国」という考え方が中心でした。私立学校にいたので,他のクラスの保護者からは,
「多賀先生は自分のクラスの子どもだけ大事にする。」
と言われていました。でも,
「そんなの,当たり前じゃないの。」
と,歯牙にもかけていませんでした。自信満々で自分勝手の典型みたいな教師でした。
　1学年2クラスの私立学校でしたから,高学年では両クラスとも国語と社会を教えていました。そのときは学年全体を自分が仕切ってコントロールできると考えていました。
　要するに自分さえよければそれでいいという考え方だったわけです。

　それが,ある学年を担任したときから,自分の限界を悟るようになり,他の先生に頼る気持ちが出てくるようになりました。
　さらに,若い先生たちと相担任するようになり,これまでの発想ではとてもやっていけないことにも気づいたのです。
　僕だけがどんどん突っ走ったら,隣の先生の評価は下がり,場合によっては追い込まれてしまいます。ダウンしてしまったら,学校の評判を落とすことになります。評判が落ちれば,入学試験の応募が減ります。そうすると,最後には僕の給料にまで響いてくるわけです。子どもが応募しなければ,私立学校は存続できません。転勤もないのですから,学校の評判を上げないと

いけないのです。

　そういうことに気づいてからは，いかにチームとしてやっていけるのかということを考えるようになりました。
　まず，同学年のメンバーと仲良くしようとしました。仲良くなるために大事なのは，メンバーの悪口を言わないことです。そして，それぞれの先生方の個性が活きるような仕事のシェアの仕方を考えました。まずはそれぞれが個人として活きなければ，チームとして機能しているとは言えません。
　このＴシャツは，ある年の２年生のメンバー３人のお揃いです。「だあっ！」を合言葉にして，子どもたちと楽しくやっていたときのものです。この３人は今でも「だあっ会」と称してときどき食事に行きます。

　こうした教師同士の関係というものは，子どもたちを通して保護者にも伝わっていきます。学校に安心して預けてもらえる土壌ができるのです。
　これに対して，先生同士がお互いの悪口を言い合っているような関係だと，保護者は学校に対する不信を抱くものです。
　チームという以上，自分一人でがんばってはいけません。みんなで相談してトラブルに対応していくのです。

トラブルをチームで相談するということは，大きな力になります。保護者にも，
　「学年として取り組んでいます」
というメッセージを伝えることになります。先生によって言うことが変わるということもないので，保護者も迷いません。
　今の多様性のある社会において，多種多様な保護者がいらっしゃいます。一人で対応するスーパーティーチャーというものが難しくなっているのです。
　チームで保護者に対応するという姿勢を持ちましょう。

❸ 自己開示がなければ親身にはなってもらえない

　秘密主義の先生がいます。自分のプライバシーについては開示する必要はありませんが，自分のクラスのトラブルや保護者からのクレームでさえも隠そうとするのです。
　自分のやっていることを否定されそうで怖いのでしょう。その気持ちはよく分かります。でも，隠していても悪いことはすぐに広がるものです。ややこしいことになってしまってからだと，学年の他のメンバーもアドバイスのしようがありません。

　自己開示しようというのは，学級のこと，学校のことをお互いにオープンにしましょうということです。同じ学年の仲間として信頼できなければ，そもそも教育など成り立ちません。
　他の保護者から，
　「あのクラス，今，こんなふうになってるみたいですよ。」
と聞いても，知らなければ答えようがありません。
　前もって担任から聞いていたら，
　「学年として，こう考えて取り組んでいます。」
と言えるのに，聞いていないから適当なことを言ってお茶を濁します。これがまた，保護者の不信につながるのです。

特別な問題のときだけオープンにしようとすれば、抵抗が大きくなるのは当たり前です。しかし、お互いにいつもオープンにしておけば、トラブルも話しやすくなります。ふだんからの対話が重要なのです。
　これからの学習指導の中心にも「対話」が入ってきます。子どもたちに対話を求める前に、先生たちの対話がないというのは、話にならないと思いませんか？

5 大きな問題ほどシステム対応

❶いじめ対応の場合

　いじめは大きな問題です。しかも，なかなか見つけにくいものです。見つかったときには，かなり難しい状態になっていることもしばしばあります。
　いじめ対応についてのシステムをしっかりと持ち，それに沿って全員が取り組んでいくことが保護者の理解を得ることになります。
　僕が生活指導部のときにつくったシステムがあります。それはつくるだけではなく，保護者にいかにそのシステムをプロパガンダしていくかということも重要なのです。具体的な実例で述べましょう。

　全校保護者会を開いて，「心の教育について―いじめ問題と命の大切さ」というタイトルで，学校が行っている心の教育についての話をしました。
　まず，現代の子どもたちの状況を話し，その後，学校の子どもの実情を話しました。
　「僕は，いつも保護者の方には『いじめのない学校や社会なんてありません。もしも，僕がここでいじめはないと言い切ったら，それは，いじめをつかむことができないか，嘘をついているかのどちらかです。』と申し上げています。」
と切り出し，それから，今時の世の中全般の子どもたちの実態と，今のところ知り得た範囲ではこんな感じであると，子どもたちの実態を包み隠さず話しました。次に，学校では子どもたちに対してどんな指導をしているのかということを具体的に話しました。これによって，学校での様子が保護者にかなり伝わったと思います。

学校で，子どもたちに問いかけたこと

10/25	●「ハンディキャップ」について指導。指さしたり笑ったりすることが，いかに悪いことか等を話す。
11/13	●いじめで悩む子はいないか，あったら何でも担任に相談しよう。いじめのない，いじめを許さない学校にしていこう，という話。
11/16	●「命の大切さ」について考えさせる。 ●生きたいと思いながらも，5年生で亡くなった宮越由貴奈さんの「命」の詩を通して，命の大切さを考えさせる。
11/20	●授業として，詩を用いて全校朝会→各クラス→学級指導委員会→各クラスと，指導していく。

さらに，学校全体での取り組みについて話しました。
・いじめ自殺の頻発を受けて，学校としての，いじめに対する取り組みの整理・強化をしている。
・チェックリスト，対応システムなどの作成と実施。
等です。

担任―学年―生活指導部長―教頭―校長というシステムの意味を「この順番は崩せない」というようなお役所的な言葉ではなく，「これだけの段階があって，そのどこに相談に行ってもいいんですよ」と，少し柔らかく対応できるという話もしました。

❷ 学校で取り組むことの安心感

❶のような取り組みを保護者に示していくと，いじめ等の問題には，学校をあげて取り組んでくれるのだという安心感を保護者に持ってもらえます。
しかし，全体で保護者会を開いたから全保護者が分かってくださるという

ような甘いことはありません。来てほしいような保護者はなかなかいらっしゃらないのが，公立学校の保護者会の現状です。

　それでも，学校の中心となる保護者に説明はできます。柱がしっかりしていると，小さな案件は大問題には発展しません。

　「何かあれば，学校に相談に行けばいいのよ。」
と言ってくださる保護者が少しでも増えると，いろいろな形で好影響が出るものです。学校を支えるベースがつくれます。

　新しい学習指導要領では，地域との連携を中心とするコミュニティスクールに向かうことが考えられていると聞きます。できれば，このシステムの中に保護者も入って行けるような工夫が必要になるでしょう。

　いじめのような大きな問題も地域と一体となって取り組んでいけば，道は大きく開けるものだと考えます。

　「学校として，どう考えているの？」
というのが保護者の思いです。その思いに，問題が起きてからではなく，起きる前から応えていくことが安心感を醸成します。

　たいていの場合，いじめ問題が大きくなってから，学校からの「説明会」なるものが開かれています。冷静に考えられる場ではありません。

　前もって学校からシステムの説明をすることは，一教師の力だけではできませんが，みんなで考えていくべき視点でしょう。

COLUMN
同じ方向を向くことの大切さ
―ベクトルの話―

　ベクトルというものを習ったことがあるだろう。ベクトルとは，量だけではなく，方向性も同時に考える概念である。

　子どもへの教育をベクトルで考えてみよう。
　右の図を見てほしい。
　実線が保護者の努力で，矢印はその方向性を指す。
　破線は教師の努力とその方向性。太線は子どもの成長である。
　実線と破線の2辺がつくる平行四辺形の対角線がその2つの量と方向性がつくるものを表す。
　難しい言い方だが，図を見れば分かるだろう。

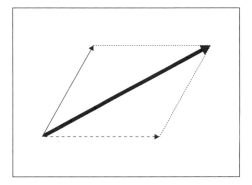

　同じ努力をしても教師と保護者の方向性が違っていると，子どもの成長は伸び悩むのだ。
　右の図を見ると分かるだろう。
　保護者と教師が全く違う方向を向いてがんばったら，お互いの努力が相殺されて，子どもはまったく成長できないだろう。

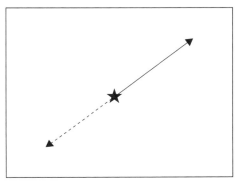

　それに対して，教師も保護者もまったく同じ方向を向いていたら（まあ，100パーセントということはありえないのだけれど），次の図のよう

に，子どもの成長はすばらしいものになるだろう。

　別に数学的な考え方を用いなくても，当たり前のことだ。

　なのに，この当たり前のことができないのだ。それは意地だとかプライドだとかいうつまらないものが関係してくるからだ。

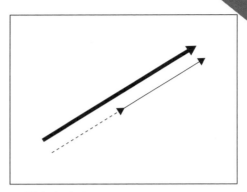

　また，教育観の違いというものも，邪魔をする。

　そういうことは，ほんとにくだらないことなのだということを，お互いが気づけばいいのだけれども，お互いに自分が正しいと思い込んでいるから，子どもにとっていい方向性が考えられない。

　そして，子どもは保護者と教師の関係には敏感だ。ときには板挟みのようになって，片側をかばったりする。先生の言ったことを保護者に言わないようにしたり，お母さんの教師批判に耳をふさいだり……と。

　そんなことに気を使っていては，伸びやかに育つわけがないだろう。

　子どもの後ろに教師と保護者が立って，後ろからそっと支えていってあげることが，子どもにとって一番いいことだと思っている。

Chapter 5

保護者の心をつかむ！ 信頼される 学級通信のつくり方

学級通信は，保護者にいろいろなことを伝えられる大きな手だての一つだ。でも，書いて出しさえすれば，それだけで教師の思いがちゃんと伝わるのかというと，そんなに甘いものではない。同じような通信を書いているのに，保護者への伝わり方は全然違うということはよくある。まさしく通信におけるヒドゥンカリキュラムというものがあるということだ。

1 コメントの有る無しは大きいと心得よ

　まず，子どもの作文などを載せるときに，ただ作文を載せているという先生と，コメントを書くという先生とでは，格段の差が出てきます。コメントの質によっても大きな差が出ますが，ただコメントするというだけでも，誠意ととらえてもらえるのです。

　実際，コメントをつけようとしたら，時間がかかります。いろいろなことを考えてコメントを書きますから，労力はかかります。書き慣れたら，さっと書けるようになりますが，最初のうちはどんなコメントを書けばいいのかさえ，分かりません。

　「K先生は，ただ載せているだけで，ひと言も自分の言葉は書かない。」等というような評判を聞いたことがあります。

　保護者はこういうことには敏感です。毎日のように通信を書き，子どもの作文に逐一コメントをつけている先生には保護者の信頼は厚いものです。

　作文にコメントをつけた例を3種類，次のページから示します。

　こうしたコメントのポイントは価値づけです。子どもの書いたものに対して「このようにみるんですよ」という価値づけをしていくことが大切です。

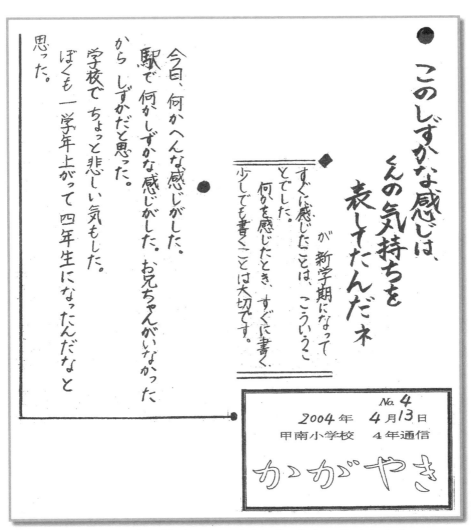

子どもの心の動きのどこが素晴らしいのかということをコメントします。
そして，ちょっとその子のことの説明を加えてわかるようにコメントします。

きぼう No.2

甲南小　5年
2007年4月20日

言葉のはしばしに気持ちが見えるんだナ

――君の、おばあちゃんに対する気持ちが、ちょっとした言葉のはしばしに、ちらっと見えます。言葉って、大切ですね。

「ひさしぶりに」

今日、**なかなか会えなかったおばあちゃん**が、愛媛から**やってきてくれた。**

「こんにちは。元気にしてた？」

と、**やさしく声をかけてくれた。**

一番こうふんしていたのは妹だった。

今日一泊したら明日びょういんにいってから帰るけど、また会えるから、また今度。

「〜くれた」「〜くれた」のくり返しに、うれしさが表れています。「なかなか」という言葉もいいですね。

ひびき 〜子ども＆ことば通信〜

No.46　2001年12月3日

心のこもった字は気持ちがよい

　　くんは、いつもこんなふうにていねいな字で漢字もテキストも日記も書いています。いつも、心をこめて字を書くことを心がけているのですね。

　　えのノートを見るたびに、ていねいに字を書かないといけないなあと、思わされます。

流行性耳下腺炎工

　水曜のそうじの時間に、急に歯がいたくなった。木曜の朝、いたみが強くなったので、お母さんに、

「むし歯かもしれない。」

と言った。朝ご飯も歯のいたみであまり食べられなかった。夜、急にしんどくなった。熱も少し出た。金曜は、学校を休んで、病院に行った。病院に行く時、ぼくは、お母さんに、

「今日、分、たんだけど、おたふくかも」

し出た。小児科の前に来ると、かんごふさんが、放しゃ線科に連れて行ってくれた。そこにはメガネをかけた、テレビドラマで出て来るような、青い服を着た、先生が待っていた。

　その先生は、ぼくの前のかんじゃさんをだまって、見ていた。放しゃ線科の先生は、おどろいたように、こっちを向いていた。その部屋は、とても暗くて、光といえばコンピューターの光と出入り口のカーテンから入って来るうす暗い光だった。先生は、ぼくの洋服を音の所まで上げてくれた。あと、ズボンとパンツを少し下げた。先生は、まず、スポーツドリンク

▲ここからの書き方をよく読もう。その時の細かいようすがとてもよくわかります。

保護者の心をつかむ！　信頼される学級通信のつくり方　■　103

2 教師の自慢は，自己開示と親しみを持ってもらうという意味で

「神戸マラソンに出て完走しました。」
とか，
「東北のボランティアに行って，たくさんの人に喜んでいただけました。」
とかいうようなことは，教師の自己開示として，通信に載せるほうがよいでしょう。ちょっと自慢話になりますが，「自分もこんなことをがんばっています」というメッセージを保護者にも届けることができます。

教師には，ある程度自己開示の必要性があります。どんな仕事をしているのかまったく分からないというのでは，保護者も不安になります。

例えば，既婚者であるとか，子どもがいるとかは保護者にとって大切な要素なのです。はじめから自己開示しておいたほうがよいと思います（調子に

◆自己紹介
　　　　多賀　一郎
　　　　　1955年生まれ
　　　　娘が一人
◎趣味
　・音楽鑑賞　ジャズ　ロック
　・読書　今野敏　三浦しをん
◎モットー
　　有言実行

新年度の担任挨拶の自己紹介の例

のってアドレスやSNSまで開示する必要はありません）。
　僕は必ず自己紹介に趣味等を書いていました（最大の趣味は「教育」ですが，そんなことを書くと近寄り難くなるので書きません）。
　だいたいどういう人間かを分かってもらうために自己開示するのです。
「私は秘密主義ですから。」
などということは教師という職業にはそぐわないものです。
　秘密だらけでどんな人か分からない先生を誰が支持しますか？
　ただし，子どもが産まれてうれしいということまでは書いても共感してもらえますが，自分の子どもがいい大学に入ったとか，絵画展で特選に選ばれたとかいうことまでは伝えないほうがいいですね。先生による「わが子自慢」は全然保護者には受けません。
「うちの子どもが東大に入学しました」
などというのは，「おめでとうございます」という社交辞令はいただけても，先生の人となりを理解することとは考えられません。親しみがわくこともないでしょうね。

　また，ある先生は，子どもたちの成功したことを書くときに，必ず，自分が教師としてどうがんばったかということを通信に書いていました。
『運動会で子どもたちはがんばって，みごとに優勝しました。自分も毎朝早く起きて朝練につきあったかいがありました。』
というようなことを書くのです。これは，保護者の間では顰蹙(ひんしゅく)そのものでした。
　自慢話は，ほどほどにしておかないと，保護者はついてきません。

3 「書いたら読んでくれる」は甘い考えである

　僕が通信を書くときに一番気を付けていたのは，机の上にポンと置いていたら，帰って来たお父さんがちらっと見たときに，
　「おもしろそうや。読んでみようかな。」
とか，
　「おや。これは何のことかな？」
というように思ってもらえるための工夫でした。
　通信を書きさえすれば，どの保護者も読んでくれるなどというのは，教師の思いあがりにほかなりません。
　そのことを分かっている先生は，読んでもらうためのありとあらゆる工夫をしています。
　保護者に読んでもらうためには，何らかの工夫が必要なのです。

　保護者は，必要に応じて読むものです。
　したがって，その必要を生み出さなければなりません。

```
A  読んでおかないと困ることが書いてある
B  いつも大事な情報がある
C  心に響くことが書いてある
D  子育てに有用なことが載っている
E  おもしろそうだなと，ぱっと見て思う
```

等となれば，読みますよね。
　それぞれについて，実例を示しましょう。

A　読んでおかないと困ることが書いてある

> アンケートにおこたえします
>
> ● お出しいただいた中から、全体に関係ありそうな件について、一部おこたえします。
>
> ⑦ 荷物が多すぎますが、学校に置いておいてよいですか。
> ・次の教科については、置いておいてかまいません。
> 　理科…全部。(ただし、ハイクラスは宿題のときは持って帰る)
> 　社会…資料集・地図帳・
> 　国語…辞典(ただし、学校にもあります)
> 　全教科のワークシート
>
> ⑦ テストの平均を教えて下さい。
> ・三学期からにします。(ときどき言うかも知れません)
>
> ⑦「問題集はどんなものを」、「学校の勉強だけで十分か?」
> ・個々におこたえします。学校へ来て下さい。

　これは、保護者にアンケートをとり、それについて必要なことを答えたものです。

　アンケートなどをとっても、とりっぱなしにしていては信頼は得られません。保護者は、

「えっ、こんなことが分からないの？」

と思うようなことが分からなくて困っていることがよくあるのです。そして、先生にたずねることが苦手な方もいらっしゃいます。

　教師が通信で何を聞いてもいいですよというメッセージを送るということです。

> はだかの子どもたち③
>
> 一学期の終わりから問題になっているのが担任三人の授業以外の時間の態度です。
> 「叱らないから、やっていることを全部言ってごらん」と言うと、引き出しにえん筆のけずりかすを入れたり、机の上に乗っていたりと、聞いていて唖然とすることばかりでした。
> 十月までは、班毎に毎週話し合ってノートに書いて直そうとしてきました。
> 今月からは、後ろの壁に東海道新幹線の駅名をはって、班毎に授業態度が良ければ、班の自動車が進んでいく、というやり方に変えました。
> 低学年のようなやり方ですが、どうも、92回生は、目に見える形でないと ぴんとこないようなので、こうしました。
> いずれにしても、われわれが叱るという形ではなく、自分たちで直してゆくというのを基本にしています。
> ところで、一番の問題は、子どもによると、ためロをきくことだそうです。

　「はだかの子どもたち」というのは，僕が通信に書いていた「子どもコラム」のようなものです。子どもたちの様子をできるだけ具体的に書きました。個人の非難になることは書きませんでしたが，全体に関わることについては書きました。よいことも悪いことも，どちらも必要な情報なのです。そして，その両方を書くから信頼性が出るのです。

　この通信では，学年での取り組みについても書いています。大切なのは，基本的な教師としてのものの考え方を示しているということです。

B　いつも大事な情報がある

わかくさ　一九九八年四月二十日　甲南小　3年　No.10

だれか心の病気のようです

木よう日、金よう日と、二日続けて三年一組の黒板に、こう書いてありました。

「ぼくは○○さんが大きらい」

ほかの教室に三の一が移動している間に書かれたものです。書かれた子どもは気分わるいし、ぼくもさも子どもたちも**みんないやな気もちです。**「だれがやったんや？」と、子どもたちが犯人さがしを始めました。このときに、「Aくんがやった」と、まことしやかな話が出ました。**よくよくたずねてみると、**「そんな気がするような言い方をしていた」と言うだけで、本当にしているところを見たわけでも、その子から自分がやったと聞いたわけでもありません。

おうちの方へ

● 三年生の子どもたち全員が知っている事件です。いい加減な伝わり方をしてはいけないと考え、通信に書ききました。

保護者会でお伝えしたように、子ども達は事実に基づいて話すことが苦手です。**思い込みの話に気を付けて下さい。**

● PTA役員から

緊急の連絡が学校から回ってきたとき、子供を迎えに行けない等の連絡は、FAX等で各学年の役員の所にその旨を伝えて下さい。

まとめて、役員が

噂は怖いものです。事実ではないことがどんどん広まって、さも事実であるかのような話になっていってしまいます。特に、悪いことは猛スピードで

広まりやすいものです。

　この通信では，黒板に悪口が書いてあるということが続いたことを書いています。

　こういうときはよく犯人探しが行われます。教師が必死になって犯人探しをするときもあります。教師は裁判官でも警察官でもありません。我々は教育者です。犯人をつきとめるのも，ほどほどにしましょう。

　このときにはＡ君が犯人だというデマが広まりました。子どもって，ここに書かれたように大した根拠もなく言い始めて，それがまことしやかに広がっていくものです。

　それを止めるために通信にはっきりと書いたわけです。

＊おうちの方へ

　四年生もいよいよ後半に入って、子どもたちはしだいにものごとを深く考えるようになってきています。機会がある度に、自分たちの生活について考えさせてきましたが、場合によっては、大人以上にしっかりとした考えを示すときもあります。

　この「生き物係の問題」についても、もう一度子どもたちにじっくり考えさせたいと思っています。

　ただし、交通整理はしてあげるけども、結論は、子どもたちにまかせようと思うのです。

　さて、

　どういう話になったのか、わが子はどんな考えを持っているのか、おうちでゆっくりと聞いてあげて下さい。

　そのときに誤解のないように、ここまでの経過について説明しておきます。

　これも学校で話題になっている問題について，事実をもとに考えていただこうと書いたものです。

C　心に響くことが書いてある

> 「忙しい」とは、心を亡くすこと
>
> ここ数週間の三年生の状態に、心をいためています。
>
> 学校を中心としたことだから、まず自らを反省しています。
>
> 九月は、全く叱ることもなくスタートしました。子どもたちと気持ちよく暮らす日々が続きました。ぐんぐんと成長した子どもたちと共に歩むことの楽しさを味わっていました。
>
> ところが、運動会の練習が入り、どうしても子どもを厳しく叱ることが増えてきました。きちんとした姿であってほしいという願いばかりが先に立ってしまいました。忙しさに教師も子どもも追いまわされていたのです。
>
> その結果、運動会という一つの目標が去った後、それまでの反動が一気に出てきて、落ち着かなくなっているのでしょうか。
>
> 「忙しい」とは、りっ心べん（忄）に「亡くす」と書きます。心を亡くしてしまうのです、忙しくなると。
>
> 甲南小　3年
> 1998年11月4日
> No.65
> わかくさ

　この通信を出した後、保護者のみなさんから、
　「自分を振り返ってはっとしました。先生のおっしゃるように忙しさに紛れていろいろなことをいいかげんにしていました……。」
というような言葉をたくさんいただきました。

書いてある通り，僕自身も自戒を込めて書いたことでしたが，こういうことは，あまり上から目線で「教えてやる」ような言葉遣いだと，かえって反感を買うことがあるので，要注意です。

かがやき№29
甲南小　4年通信
2004年6月8日

「言葉で心の教育を」

　長崎の小六女子による事件は、痛ましさと同時に考えさせられることが多いです。昨日からテレビ・新聞で報道されている被害者のお父さんの手記は、娘を持つ父親である僕には読めません。これは、つらすぎます。
　加害者の親も、どうしていいか分からないのだろうと思います。そして、どちらの親も一生苦しんでいくのでしょう。
　七年前、神戸で起きた事件の時、僕の娘は少年Aと同い年でした。そのとき、中三の子どもを持つ親たちは、自分たちがいかに子どものことを分かっていないかを痛切に感じました。子どものことが怖くなりました。
　今、特にこれから高学年になろうとしている女の子をお持ちのおうちの方々も、不安を感じておられるのではないでしょうか。
　四年生の子供たちにも、「心に石をためるな。誰かにはき出せ」と話しました。高学年からの子どもの心の中は簡単に想像つきません。それは、今時の子どもに限ったことではありません。以前からそうなのです。ただ、今の子供たちは情報量が異常に多く、じっくりとそれを取捨選択・消化していくことができにくくなっていま

　これは長崎で6年生の女の子が同級生を学校で殺害するという衝撃的な事件が起こったとき，そのことについて書いたものです。これから保護者が子どもたちとどのように接していったらよいのかを，この続きで書いています。
　こうした大きな事件が起こると保護者は不安になるものです。
「うちの子は大丈夫かしら」
と悩みます。
「先生はどう思っているのかしら？」
と考える保護者もいらっしゃいます。
　こんなときに沈黙して何も言わないと，保護者は先生の考え方が分からず，疑問に感じることもあるでしょう。
　いざと言うときに頼れないと思うかもしれません。

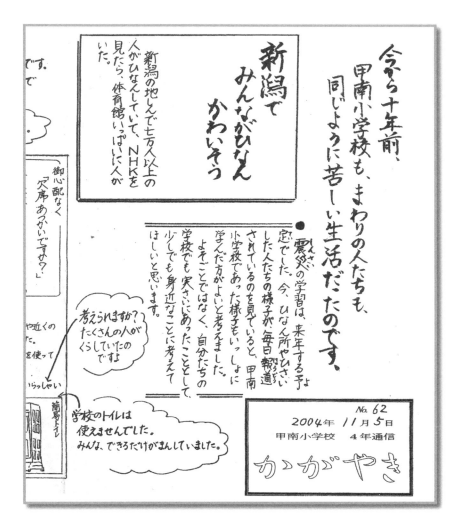

　この通信は、上越地震の様子を見ていた子どもたちがいろいろなことを感じていたので、それを取り上げたものです。阪神大震災のときの通信をコピーしてこの左に貼りつけています。

　計画通りにすることも大切ですが、タイムリーな話題を取り上げて保護者にも一緒に考えていただくことも重要だと考えます。

保護者の心をつかむ！　信頼される学級通信のつくり方

D 子育てに有用なことが載っている

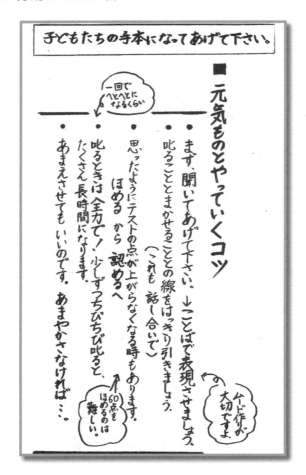

　何が子育てに有用かは，判断しにくいものです。しかし，教師が専門家として保護者に子育てのアドバイスをすることは，必要なことです。
　ここでは，ちょうど元気度が増してきて子どもの扱いに困っている保護者が多いようなので，それに合わせて考え方を示しました。

子どもたちと会話していて，
「お母さん，こうしたほうがいいのになあ」
と感じたことをもとに書いています。

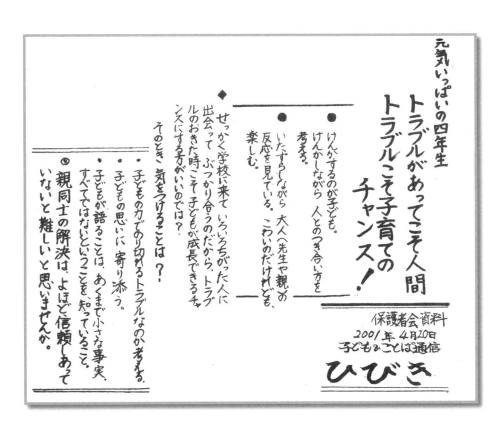

　これは保護者会用の通信ですが，僕は保護者会の通信については，単なる話す項目を並べたレジュメではなく，保護者会に来られなかった方が読んでも役立つようにと考えて書いてきました。

同時に，参加者も細かいメモをとらなくても済むし，おうちに帰ってから冷蔵庫等に貼っておけば，繰り返し読むことができるのです。
　この通信では，4年生のスタートに当たって，間違いなくケンカなどのトラブルは増えると予想されたので，トラブルが起きたときはチャンスだと考えましょう，ということを書いています。

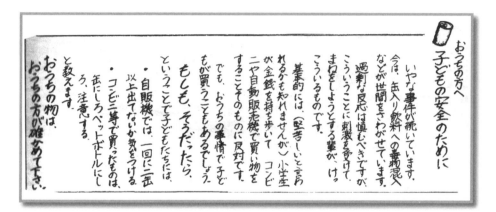

　何か事件が起こって不安なときには，学校で話していることとおうちで保護者の話すこととが同じでないと，子どもたちに効果的に働きません。学校で子どもたちに話したことを，そのまま保護者にも伝えるべきでしょう。
　保護者の心配することについて，学校ではこう考えていますと伝えることは，信頼につながっていくものです。

E　おもしろそうだなと，ぱっと見て思う

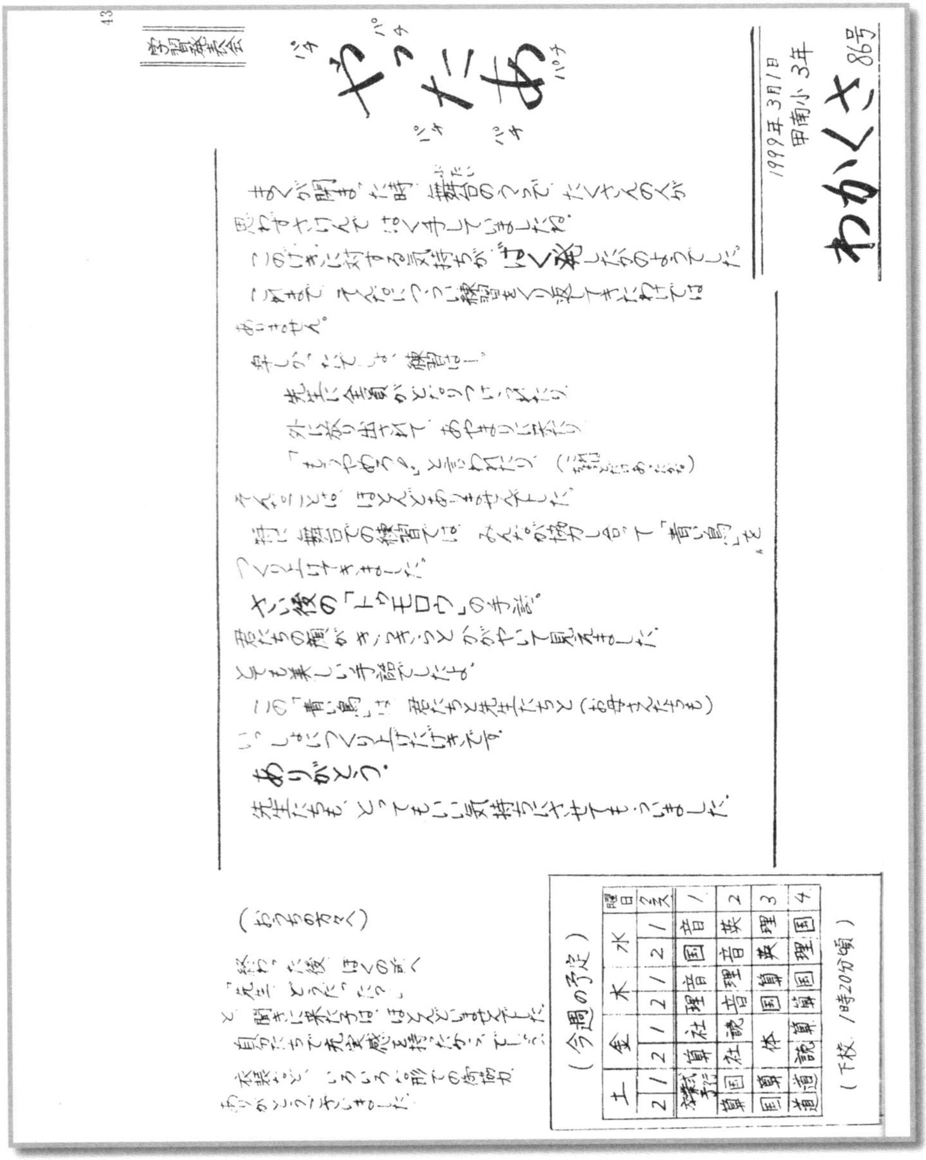

ひびき

2002年1月17日 No.50 子ども・ことば通信

その日がやってきました。

● 阪神大震災の時、君たちは、わずか三才。どんなことが起こったのかを、くわしくはわからなかったでしょうね。

ほんのわずかな時間で、たくさんの方々がなくなり、街がこわされました。

テレビなどで、きょうは特集が組まれ、その時の映像が流れることでしょう。

どうか、この日は、静かな気持ちで、その時、何があったのか、見たり聞いたりして下さい。

そして、あるのが当たり前になってしまっている大切なことを、もう一度、考えてみてほしいものです。

大震災

平成七年　一九九五年　一月十七日未明。阪神地方をおそろしい地震がおそいました。

校舎は建て直したばかりでしたから、ひび程度ですみました。

しかし、あたりのビルはたおれ、家がたくさんつぶれたのです。

多くの人が命を失いました。

マー君の木……朗読とスライドで

国道にそう　アメリカ花水木

春から夏にかけて　白い花が咲きほこり

咲きほこり

秋には美しく紅葉し

真っ赤に色づく

この木は　　この木は

亡くなった山本将之君の木　　マー君の木

「第一、第二の不幸」

先生が「地震のあった後、むねにずーんときた人。」と言ったとき、私は手を挙げた。なぜかというと二つの悲しみがあったからだ。

それは、おばあちゃんちがつぶれたこと。生まれ育った家だった。ついこの前、お正月で羽根つきをしていたのに…。

思い出すだけで悲しい。

第二の悲しみは、地震の前の日のこと。山本マー君に、かさに入れてもらったのだ。マー君とは、よく話して帰ったりしていたのに…。

家が近いので、よくいっしょに帰っていた。マー君は、

「八木先生みたいになりたい」

と、土曜の雨の日、地震の二日前に言っていたのを覚えている。

「おもしろそうだ」というと,笑いのあるもののようにとらえられてしまいがちですが,通信でのおもしろさは,保護者のニーズに合うような書き方ということなのです。

さらに,読みたくなるようなレイアウトの工夫があれば,読んでくださいます。このレイアウトについては,僕の著書『クラスを育てる「作文教育」 書くことで伸びる学級力』(明治図書)に詳しく説明しています。

少しだけ例をあげてポイントを書きましょう。

◆「ほっ」とする子どもたち

先週、全校の子どもたちに「心に花をさかせる」話をしました。「一ついいことをすると、心に一つ花が咲く。その感じは君たち自身も感じたことがあると思う。誰かにいいことをしたとき、心がほわっといい感じになったことはないかな。それが、心に花が咲いたときの感じだよ。

この心の花は、枯れてしまうこともある。人に意地悪をしたり、いじめたり、だましたり、そんな心を汚すようなことをすると、心の土が腐って、花がかれてしまうんだよ。……」

うちのクラスは、きょうで七日連続、全員が宿題をきちんと提出していて、一人も忘れていません。……

上の例のように,紙面を同じフォントでぎっしり埋めずに,上にスペースを作ったり,ケイ線を1本引いたりすると,読みやすくなります。さらに,印象的なタイトルをつけて,太字の変わったフォントにすると,「読んでみようかな」という気持ちを起こさせるものです。

保護者の心をつかむ! 信頼される学級通信のつくり方

Chapter 6

信頼をつかみとる！
保護者会に活かせる
アイデア

「信頼」とは，魔法のようなもの。
できてしまうと，
何かあっても OK になってしまう。
できないと，
何をやっても責められてしまう。

1 保護者会でよくたずねられることとは

　保護者会では，専門的なことをたずねられます。主に教科に関することですが，それに答えられなかったら，やはり軽く見られてしまうことになります。ただし，若い先生は知らないことがあっても仕方ありません。正直に，
　「勉強不足です。申し訳ありません。」
と言えばいいのです。それによって保護者にバカにされるほどのことは，まずありません。知ったかぶりをすると，化けの皮がはがれたときに信用を失います。

　保護者会でよくたずねられることをいくつか挙げておきましょう。あらかじめ答えを用意しておけば，あわてることが少なくてすむでしょう。ちょっとした答え方のヒントも挙げておきましょう。

「もう文字も覚えましたから，自分で絵本くらい読ませたほうがいいですか？」

　１年生でよくたずねられることです。僕は，何度も次のようなことを言いました。
　「『げんきなマドレーヌ』という絵本があります。これを１年の子どもたちに自分で読ませたら，
　『パ・リ・の・つ・た・のか・らん・だ・あ・る・ふるい・や・しきに……』
というようにたどたどしく読みますね。それに対して，おうちの方が子どもに絵を見せながら，
　『パリの，つたのからんだ，ある，ふるいやしきに……』
というふうに読むのと，どちらが子どもの言葉の力がつくでしょうか。明白ですよね。」

122

こういえば，みなさんご理解してくださいましたよ。

「そろそろ塾に行かせたほうがいいですか？」

　中学年くらいで学力に差の出てきたときによくたずねられることです。塾に行かせることを完全に否定するのはよくありません。今は，塾とも共存していくことを考える時代です。ただし，子どもに応じた塾というものがあるので，個別に対応するべきことだと考えましょう。一律に行くべきかどうかを話すことに意味はありません。

「跳び箱が跳べません。体操教室等に通わせるべきですか？」

　これと同じような質問に，
「泳ぎができません。水泳教室に行かせたほうがいいですか？」
というようなものがあります。
　保護者はとても不安なのです。わが子が何かできないとなったら，あせります。よく考えたら，跳び箱が跳べなくて将来困るなどということは，絶対にありません。水泳でも，泳げなければ人生に大きなマイナスになるということもありません。
　だからといって，そう言ってしまったら，身もふたもありません。保護者は，できないことで落ち込むわが子を何とかしたいと思っているのですから。
　こういうときは，学校ではどこまで指導していくのかを明確に示すことです。そして，将来困ることではないと言いながらも，
「学校だけで不安なら通わせてもいいと思いますが，子ども自身の負担になりませんか？」
と，相談していくことです。

「作文が苦手です。どうしたら書けるようになりますか？」

　学年にもよるのですが，僕ならこう答えます。
　「作文を書くためには，文章を書き続ける体力が必要です。じいっと鉛筆を握っていても作文は書けるようにはなりません。ですから，文章を10分間でいいから，毎日書写することを続けてみたらどうですか？　半年くらい続けると，文を書くこと自体の抵抗が薄くなりますし，文型というものも何となく頭に入ってきますよ。」

「3年生（4年生）になって，急に字がきたなくなりました。どうしてでしょうか？」

　もともと，保護者会では先手を打って，こういうことになりますよと，説明しておくべきです。3年生になって字がきたなくなるのは当たり前のことなのですから。その理由は，以下の通りです。
・2年生までの分かち書きから，言葉の詰まった書き方になる。
・生活科から社会や理科等の教科になり，書くことが圧倒的に増加する。
・漢字も形成文字や会意文字等，画数の多いものが増える。
・書く量が増えるのに，書く時間をゆっくりとってもらえなくなる。
・計算問題も複雑になり，短時間で筆算等をしなければならない。
　こういうことをきちんと話せば，
　「先生が代わったからこうなったんだ。」
というような批判を抑えることができます。
　そのうえで，
　「できるだけポイントを絞ってていねいに書くように指導はします。」
と，乱雑を放っておく気はないことも伝えます。

「この頃，言葉遣いが悪くて困っています。どうしてでしょうか？」

　低学年のときにはちゃんとした言葉を使っていた子どもたちでも，言葉遣いの悪くなるのが中学年です。そのことをまず，きちんと伝えましょう。
　「ギャングエイジといって，子どもたちはちびっこギャングになる時期ですから，言葉遣いも悪くしてみたくなるのです。」
　そして，もうひと言アドバイスとして，
　「だからといって，大人が乱暴な言葉を使わないようにしましょう。子どもにしつこく正しい言い方に言い直すようにさせるとかも必要です。」
というようなことを話します。

「反抗期でしょうか？　学校のことをたずねると，『うるさい！』と，聞いてくれません。」

　「反抗期」というものがあり，それは親のいうことを聞かなくなる時期だということを知識として知っているのが保護者です。それでも，「うるさい」等と言われたらあせります。
　「うちの子もとうとう反抗期なのかしら」
と，悩みます。
　反抗期というか，思春期についての正しい話を保護者に伝えましょう。こんなときこそ，専門性です。高学年では必ず出てくる話なのですから，用意しておくことができるはずです。
　僕の『多賀一郎の荒れない教室の作り方』（黎明書房）には，思春期の実態と対応について詳しく書いています。よろしければ参照してください。

2 読み聞かせを有効に使う

「保護者会なのに，なんで読み聞かせを？」
と思われるかもしれません。ふつうはしませんね。
　でも，僕は何度か読み聞かせをしてきました。とても有効だったと思っています。
　最初は少年院の子どもの詩を読んで，
「少年院の運動会では母が来てくれた……それだけでうれしかった」
という部分をクローズアップして，
「学校にお母さんがいらっしゃるということは，子どもにとってこんなに大事なことなのですね。」
と，来校することの大切さを話しました。
　それから，六浦基さんの『カウンセリング詩』（アニマ2001）から，親がはっと気づかされるような詩を取り出して朗読し，詩の力を借りて伝えてきました。
　うまく話すことができないなら，心に響く詩を活用するのもありだと思っています。

　それから，絵本やエッセイ，物語の一部など，保護者に知ってほしい内容の文章を朗読しました。
　グリムの『木のお皿』では，自分自身を振り返って涙を浮かべる方がたくさんいらっしゃいました。
　『おこだでませんように』（くすのきしげのり　小学館）を読めば，ほぼ全員が号泣してしまって，ちょっと困りました。そのあと，
「子どもに優しくしようと思いました」
とか，

「いつもの自分を反省しました」とかいうような感想をたくさんいただきました。

なんのために読むかというと，それが保護者会の空気を一変させるからです。僕は読み聞かせの力というものを全国各地で語ってきています。読み聞かせは，聞く人の心に染み入ります。

つまらない演説をするよりも，よほど保護者の心を打ちます。

そして，静かに聴き入ってくださった保護者会は，落ち着いて，いいムードのままに進めることができます。

子どもたちの作文を読むのもいいでしょう。お母さんの横暴を書いたものとか，「バカヤローの詩」を書かせて，匿名で，
「子どもたちって，こんなことを思っているんですよ。」
と言って読み聞かせするのも効果的だと思います。

保護者会で読み聞かせする本と，子どもたちに読み聞かせした本が同じならば，おうちに帰って，親子で本の内容について話す機会ができるでしょう。

たまにはマンネリ化しなくていいのではないですか。保護者も来やすくなるかもしれません。

3　プロとしてのメッセージを届ける

　ここでは、これまで述べてきたことと重複する部分もあるので、それぞれの視点で、僕の話した具体的な内容を紹介します。僕は保護者会でも原稿を書いて、練習して臨みました。
　ですから、僕の話す時間はいつもぴったりです。
「今から、23分話します。」
と、わざと中途半端な時間を言って、その通りにぴたりと終わらせます。これでまず一歩目の信頼はかなり得ることができます。
　僕の読み原稿をそのまま公開しましょう。僕はここまで書いて話していたのです。大いに使ってくださってかまいません。

❶ 学年の特質を語る

2009年4月20日　4年

　4年生という時期について、少し話させていただきます。
　3年生からの話をしなければいけませんね。突然、4年生がスタートするのでは、ありませんから。
　3年生の頃は、自分を振り返ることはあまりできません。外にばかり目が向いて、人の悪いところばかりが目につきます。反省しろというと、形ばかりの反省、つまり、サルの反省と一緒です。そのくせ、自分は全然できていないのです。
「人のことを言う前に、自分がどうか考えなさい。」
というようなことをおっしゃったことは、ありませんか。
　それが、4年生になってくると、早い子は、少しずつ振り返りもでき始めます。でも、まだまだですよ。
　ところで、この時期の子どもたちは大人に対して矛先が向いてきます。これは、悪いことではありません。「もう子どもじゃないんだぞ。成長してきたんだぞ」という

気持ちが強くなってくるのですね。だから，大人と張り合おうとして，反発したり，批判したりしてきます。言うことも簡単には聞いてくれなくなってきます。
「あんなに素直だったのに，だんだんと難しくなってきたわね」
と，感じられることも増えるでしょう。
　いいんですよ，それで。
「うちの子は素直で，なんでも言うことをハイハイと聞いてくれます。」
というほうが，僕は少し不安です。
　反発や反抗は成長のステップです。大人がそれに対して，どういうつきあい方をするかが大切なのですね。
　まずは，「言葉がけ」です。みなさんの言葉のかけ方が重要なポイントです。

　高学年になったのです。そのことを意識させましょう。低学年扱いをしないということです。今日の算数の授業で，僕はこう言いました。
「はい。ここまでは，1年や低学年のレベル。ここからが，4年生のレベル。この3つのグループはそれぞれ何のグループといえばいいか，文章で書きなさい。」
　こういう言い方をしないで，いきなり「文章で書きなさい」というと，「えー。」とか言うのですが，4年生は違うんだぞ……ということを意識させたら，わりとすんなりと文章で書いてみようとするのです。
　上手にプライドをくすぐるのです。それを逆に使うと，子どもは反発しますね。
「あなたは，高学年にもなって，何をやっているの。」
という言い方。これは，子どもの人格を否定する言葉です。都合のいいときだけ高学年という言葉を使われても，子どもは納得できません。
　子どもたちの自尊心，プライドは日々高まっていっているのです。
　言葉がけでは，励ましたり，子どものしていることを肯定したりしましょう。

　言葉がけよりも，もっと大切なのが「聞く」ということです。耳プラス目と心で「聴く」という漢字になります。心と目で聞くことをお忘れなく。目で聞くとは，子どもの目を見て聞くことです。
　「お母さん」と声をかけられたとき，手を止めて振り向いて聞いてくださるお母さんと，後ろを向いて洗い物をしたままで「なあに」というお母さん。

全然違うでしょ。子どもの心が違ってきますし，話している子どもの表情も聞けませんね。

ただし，子どもの言うことを鵜呑みにするのは危険です。嘘もつきますよ，子どもは。小さな人間なのですから。
「何々ちゃんがこんな悪いことしてた。」
と話す子ども自身が一番やっていたりすることもあります。「ん？」と思われたら，学校に連絡しておたずねください。

●さて，今の４年生の子どもたちの話をしましょう。
　今の４年生はというと，元気は元気です。
　３年生の頃は，生活指導部長に呼び出されて叱られた子どもたちもけっこういますよね。どんなにやんちゃな子どもたちかなと，内心どきどきしながら出会ったのですが，なかなか素直で少し幼い子どもたちが多いことが分かりました。
　男女の仲も良く，いい感じの学年だなあと思っています。……今のところはですが……。
　子どもって，簡単には分かりませんからね。これから，じっくりと見ていきたいと思っています。

❷ 教科の専門性を語る

国語学習の基礎基本をつくる時期という話
（2006年４月21日　２年）

■自分で学習する子どもに

　帰ったら，すぐに宿題をするという習慣を身に付けましょう。今の宿題は，量的にはたいしたことがありません。ほとんどは，集中してやったら，30分以内に収まるでしょう。
　だからこそ，今のうちに，帰ってひと息入れたら，まず宿題をすませてから遊ぶという習慣を身に付けさせましょう。もうしばらくしたら，言うことを聞かせるのが大変なことになりますから，今のうちですよ。

自分で考えて「分からない」とたずねられる子どもにしましょう。自分で考えないと，分かったという瞬間がありません。おうちで教えてくださるのはけっこうなのですが，お母さん方の場合，子どもに結局は答えを教え込んでしまっているという場合が多いです。
　それでは，力はつきませんね。

■国語の能力について
　資料を見てください。そこに新しい学習指導要領がどう変わったのかということが書いてあります。傍線を引いたところを見てください。要するに，新しい学習指導要領では，「能力」ということが強調されているのです。
　国語の力というものは，どうもはっきりと分からないものに見えます。
　それを，はっきりと能力として，具体的な力をつけましょうということなのです。
　その国語の能力について，少し話します。漢字の力だけを国語の力だという方がいらっしゃいますが，国語の能力のうち，漢字の力というものは，ごく一部のものです。ただ，小学校のテストでは，漢字をたくさん書かされるので，漢字をいいかげんにしてよいということではありません。

■「音読こそ読解教育の基礎基本」です
　みなさんは，国語の読み取りというものを，どのように考えていらっしゃいますか。
　水泳。手の動かし方，呼吸の仕方等を，泳がない状態で一つ一つ指導しても，泳げるようにはなりません。実際に水の中で動かしながら，泳げるようになっていくのです。大量に泳がせることが必要なのです。
　自転車に乗るとき，ペダルのこぎ方や手の動かし方などを細かく一つ一つ手を取って教えても，乗れるようにはなりません。何度も何度も，こけても，何度も乗って，体で覚えていかないと，自転車に乗れるようにはなりません。
　同じように，すらすらと音読できるようになるまで，繰り返して音読するということが，必要なのです。
　だから，長文の音読プリントをさせていきます。お配りしているプリントの最後に，子どもたちに今日の宿題として出した「力をつけよう」プリントをつけています。
　子どもたちが音読しますので，聞いてあげてください。でも，まったくたどたどし

くて，こんな感じ（読んで見せる）の読み方なら，２回も３回も読ませてください。半年がんばらせたら，初読でかなり音読できるようになります。

　だいたい週末に出す予定です。子どもたちがやる気になるようなコメントや，我々に学習の状況を伝えること等，いろんなことをコメント欄にお書きください。

　音読は「読み取り」です。よく，「読み取りの力」ということが言われます。みなさんが国語力としてお考えなのは，そういうことではありませんか。中学・高校・大学と，入試の国語では，読解力，つまり「読み取りの力」が問われます。
　初めての文がすらすら読める力が「読み取りの力」です。みなさんのお子さんは，２年程度の文章を初読ですらすら読めますか。できてなくてもあせる必要はまったくありませんが，どうやったらそういう力がつけられるのか，考えましょう。みんなここで苦労するのです。
　例えば，読書は未知の読みそのものですよね。読書をたくさんしている子どもは未知の読みのトレーニングを繰り返しているということです。後で，読書については，詳しく話します。
　音読というものは，ただ声に出して読んでいるということではありません。正しく文章を理解しないと，すらすらとは読めません。子どもは，音読をすることで，読解も同時に行っているのですよ。
　そのよい例が算数の文章題です。算数の文章題が解けないとき，子どもに，
「音読してごらん。」
と，アドバイスしたら，音読している途中で，
「あっ，そうかあ。」
と言うときがあるのです。音声化してみることで，分からなかったことが分かるということがあるのです。
　音読をしているとき，人は，目と耳と口とを同時に使います。だから，たくさんの神経を使っているわけです。音読すると，脳が活性化して，体温も上がります。それは，頭が回転してくるということです。

　音読の最も基本は「正確に読む」ということです。
　正しく読めていない文章は分かりません。読み間違いや読み落としがあっては，文

章の意味は分からなくなります。文章というものは，おもしろいもので，1字違いで大違いということがあります。
　例えば，
「うちのこがねこのこをうんだよ。」という文章があったとします。どこで読点をうって区切るかによって，意味がまったく違ってきますよね。句読点一つでも意味が変わるし，正しく理解している子どもは，正しく区切って読めます。読める子どもは意味が分かっているということですね。

　音読の技術ということだけ，説明しておきましょう。
　みなさんは，音読と黙読のスピードが2年から3年にかけてひっくり変えるということをご存じですか。
　多くの子どもたちは，まだ，黙読よりも音読のスピードのほうが早いのです。だから，今のうちに，音読のスピードもあげておかないといけないのです。今，身に付いた音読のスピードや読み方を使って，黙読していくのですからね。
　さらに，識字という言葉がそこに書いてありますが，「パンプキン」という言葉をぱっと見た瞬間に「パ　ン　プ　キ　ン」と読むのではなく，「パンプキン」と，さっと言える力，これが識字力です。
　次に，「パンプキンパイには，シナモンティだ。」というように，文節ごとにとらえる力。そして，目玉を縦に動かして，下まで来たら，次の行にさっと動かせる力。さらに，言葉の意味を前後関係から考えていく力。
　こういうことが，日々音読を繰り返す中で培われていくと考えてください。
　ともかく，音読を徹底してさせましょう。

■「聞くこと」がこれからの学校生活の武器になる
　正直，「聞く力」の弱い子どもが多いようです。おうちでも，「聞く」ために，ちょっと工夫してはどうでしょう。
　「ちゃんと聞きなさい」では，聞きません。
　「聞かなくてもすむ」ということを，していませんか。聞いていなければ困る状態が必要です。
　うちのクラスだけではないですよ。全体的に，聞かない子どもが多いようです。親

切すぎると，聞かなくてもなんとかなると思って，聞きません。おうちでも，1回言ったら二度と言わないとか，聞いていなかったために困ることをさせてください。
　聞く子どもの学力が落ちていくことは，あり得ません。

■「読書で身に付けるもの」とは
　まず，絵本は，読み聞かせしてもらうものです。子どもに大いに読み聞かせしてあげてください。
　読書というものは，まず，先ほど申し上げたように，未知の文をどんどん読んでいくものです。
　でも，それだけではありません。読書は，子どもの心を育てる大きな手だてなのです。
　まず，言葉として，心に響いていきます。
　それから，読書をしているときは，自分と対話している時間になります。読み聞かせしているときも，子どもたちは，
「うんうん，そうだよね。」
「えっ，どうしてそうなの。僕ならそんなことしないのに。」
というように，自分と対話しているのですよ。

　そして，今すぐではないけれども，友だちにも師匠にもなってくれます。本から学ぶことのなんと多いことか。本をたくさん読むということは，たくさんの先生に出会うということでもあります。
　何よりも，本は力をくれます。落ち込んでいるときになぐさめてくれたり，勇気をもらったりできるのです。疲れをいやしてくれることもあります。

　毎日，読むための本を2冊ずつ持ってこさせてください。また，今度，絵物語という，絵本から物語に進むときの本を紹介いたします。

　最後に，この後，少しお持ちいただいた本を箱詰めして僕の車まで運ぶお手伝いをお願いします。いろいろなところを調べて，結局，落合恵子さんがやっているところへ送るのが，一番役に立ちそうだと判断しました。僕に送り先は任せてください。

16年前,本校も被災して,たくさんの方がここに避難して来られました。
学校の前のアパートもつぶれて,白い花束が置いてありました。
　同じ体験だとは申しませんが,東北の大変さは,少しは想像がつきます。今から,大変なことが起こっていきます。人はいつまでも美しいことばかりは言えません。
　がんばろうコールも,復興復興音頭も,苦痛を与えるものに変わります。
　そっと風が強く当たらないように,手で周りを囲ってあげて,みなさんが少しずつ立ち直っていくのを待ってあげることも大切だと思います。子どもの絵手紙をつけてはどうかという声もございましたが,今回は見送ります。忙しく分別されるみなさんのお手をわずらわせることになるからです。
　幼稚園を再開したが,絵本が全くない。小学校の図書室が全滅したので,全部送ってほしい。そんな声があがっているそうです。
　本は力と夢を与えるすばらしいものですが,衣食住が全く足りない状況では,そこにお金はまわりません。文化は後回しになります。だからこそ,少しでも眠っている本を活かしていただきたいという思いで,みなさんにお願いしました。本当にありがとうございます。
　僕が責任を持って,埼玉の「HUG&READ」プロジェクトへ送らせていただきます。
　それでは,ここで閉会にいたします。
　本日は,どうもありがとうございました。

　　　　　　※東北の震災の直後でしたので,保護者にお願いして本を集めました。
　　　　　　　できるだけ話したことをそのまま示したいので,文章は全く変えていません。

4 結局は個別対応である

　保護者対応は，最後は個別対応につきます。
　保護者にとっては，自分の子どもをどう見て，どう考えてくれているのかということが，一番大切なことなのですから。
　個別対応のときの基本的な考え方について，述べたいと思います。

❶ 個別に話を聞く

　子どもの話を聞くことが，まずは一番です。じっくりと話を聞いて，子どもの事実とその子の思いとをしっかりと聞き取ることです。その前提なしに保護者と話をしても，かみ合わなかったり，納得していただけなかったりするものです。
　そのうえで，保護者と話をする機会をつくりましょう。なかなか学校に来ていただくのは難しいことではあります。でも，必要と考えたら，子どものために来ていただきましょう。しかし，よほど意味のあるとき以外は，お呼び立てしないほうがいいと思います。

　来ていただけたら，とても貴重な時間です。大切な時間を無駄なく使いましょう。そのためには教師の準備が大事です。出会ってから話すことを考える等は，もってのほかです。

　当たり前のことですが，服装もきちんとしましょう。上着は身に付けたほうがいいです。これは地域の特性に合わせたほうがいいでしょう，地域的にジャージ等のほうがよい場合もありま

すから。

　難しい話をするときでも，スタートはできるだけ笑顔を心がけます。保護者にしてみたら，ドキドキの気持ちでやって来るのですから，少しリラックスさせてあげましょう。
「お忙しいところ，わざわざありがとうございます。」
という言葉はあってしかるべきでしょう。

　そして，本題に入ります。子どもを全否定するようなことは決して言ってはいけませんが，保護者を呼び出すということは，よくないときに決まっています。
「息子さんはとってもいい子ですよ。」
という話だけのために呼び出すわけはないのですから。
　一方的に話すのではなく，保護者の方の話をしっかり聞きましょう。この，話を聞くときには，目を見ることも大事ですが，相手の思いを聞き取ろうとする姿勢が必要です。
　ベクトルの話（97ページ）を思い出してください。自分は保護者と一緒に子どもの背中をそっと押すのだという立場を自覚すること。そして，それを保護者に伝えることです。
　話が終わったときに，保護者に，
「先生によく聞いてもらえた」
と思ってもらえたら，成功です。
　人は十分に話を聞いてもらえてはじめて安心できるのです。自分が話すことばかりを考えないようにしましょう。
　僕は個人面談が長引くので，
「多賀先生は何を話しているの？」
とよくたずねられました。
　僕がひたすら話していたのではなく，聞いていたのです。じっくりと話を

聞いていましたので，僕の言葉は少しでした。

　話の素晴らしい教師よりも，話をよく聞く教師のほうが信頼されます。

❷ 技術や理論よりも，誠実さ

　言葉の達者な先生がいらっしゃいました。いつも難しい本を読んで，論理的に話をしていました。言っていることは間違ってはいないのです。保護者の多くは表立っては何も言いませんでした。しかし，陰での評判はとても悪かったのです。それは，なぜでしょうか。

　その言葉の奥に，誠実さや愛情が感じ取れなかったからです。保護者は誠実さのなさは見抜いてきます。自分の子どもへの愛情がないこと等，すぐに分かってしまいます。いくら正しい良いことを言っても，誤魔化しきれないものなのです。

　子どもに対して誠実であること。
　これに勝る保護者対応は，ありません。誠実にやっていても，誤解されたり，文句をつけられたりすることはあります。教師というのは，そういう仕事なのです。
　しかし，まともに考えてくださる保護者には，誠実さは必ず伝わっていきます。

・子どものために一生懸命であること。
・ていねいに子どもを見ていること。
・連絡帳にもひと言，言葉を添えること。
・子どもの話を真剣に聞くこと。
・子どもたちとの時間を大切にしていること。

　そういうことの繰り返しが，保護者からの信頼のベースとなります。

僕は精神論は好きではありませんが，誠実さが人の心を動かすのだということだけは，信じています。
　小手先のネタや，どこかの本に書いてあった学級づくりの方法を教室に持ち込むことよりも，こつこつとていねいな取り組みをしていくことが，一番だと思っています。
　保護者対応は，テクニックではないのです。子どもに対する誠実な思いを，いかにうまく正しく伝えるのかということなのです。

❸ 保護者に支えられる

　僕はすぐに頭にきてしまって，やりすぎてしまう傾向がありました。「熱血教師」と言えば聞こえはいいですが，それで何度も失敗をしてきました。失敗体験を各地の講演で語っても，なかなかみなさん，信じてくださいません。多くの方は謙遜していると受け取ってくださいます。しかし，僕は本当に大きな失敗を繰り返してきた教師なのです。
　その度に，子どもたち，同僚，先輩，そして保護者に助けられてきました。保護者には本当に助けられたなという実感があります。

　振り上げた手は下ろさなければなりません。しかし，怒りにまかせて振り上げてしまったら，下ろせなくなってしまいます（体罰のことではありませんよ）。いわゆる「落としどころ」がつかめなくなってしまうのです。
　そういうとき，保護者のみなさんは僕を責め立てるようなことはなさいませんでした。
　「先生，うちの子が家で心配していますよ。よろしくお願いします。」
とか，
　「先生のお考えはみんなによく伝わっていますよ。お任せします。」
とかいったメッセージを届けてくださいました。
　僕のようなタイプは責められるとかえって反発してしまうのですが，信頼していますというメッセージには，意固地になることもできませんでした。

「信頼していますよ」という言葉が，いつも僕を立ち直らせてくれたと思っています。
　僕が落ち込んでしまったとき，保護者のみなさんから，
　「先生，子どもたちが待っていますよ。」
という叱咤激励をいただいたこともあります。
　保護者の方の支えがなかったら，とっくの昔にリタイアしてしまっていたことでしょう。

　保護者は，教師を支えてくださる存在でもあります。
　教師から一方的にアドバイスして助けているなどと思ったら大間違いです。教師からの言葉がけもあり，保護者からのメッセージもいただいて，双方向の支え合いがあってこその保護者対応なのです。
　そのことが分からずに，職員室で保護者の悪口を言う教師がいます。それで教育がうまくいくはずがありません。
　支え合うという言葉こそ，保護者対応の基本的な考え方だと思います。

エピローグ

　教師になるときに，
　「保護者対応は，自分の得意とするところだ」
とか，
　「保護者とうまくやっていく自信がある」
等と思っている方は誰もいないでしょう。
　多くの教師は，保護者対応等想定しないで教師になるのです。
　ところが，実際に教壇に立ったら，保護者の存在がいかに大きなものかということに気づくのです。しかし，保護者は全て人格者だ等ということはありません。
　DVやネグレクトを繰り返す保護者もいます。どう考えても子どもを大切にしているとは思えない保護者がたくさんいるのです。そんな極端なことまではなくても，
　「この親は本当に子どもを大事に思っているのかなあ」
とまで思うこともしばしばあります。
　今どきの保護者は対応が難しいのは事実です。
　そういう中で，どうしていくことが保護者と一緒に子どもを育てていくことになるのかを，この本では示しました。

　保護者対応の真髄を中心に書き始めたのですが，書いている途中から，少しコンセプトが変わっていきました。
　それは，若い先生たちと話す機会が僕には多いからなのです。いろいろと会話していると，申し訳ないですが，
　「こんなことも分かっていないんだなあ」
と思わされることが多々あります。
　ほんとに細かい細かいところを教えていかないといけないのではないかと思い始めました。
　そこで，徹底的に細かいところを書くようにしていきました。具体的な例を多く

入れていきました。例えば，保護者会で話したこと等は，全部載せました。僕は実際に保護者会のために原稿を書き，何度も練習して臨んでいたのです。その内容をそのまま載せました。
「ここまでやっているから，信頼を得ているんだよ」
という気持ちで。

　それから，保護者の本音というものを折に触れてこの本には書きました。僕は保護者の本音を聞きすぎるくらいに聞いてしまう教師でした。子どもと保護者の側に立つことが，僕の基本スタンスでした。私学にいたので，当時の前任校の管理職から，
「お前は，どちらを向いてやってるんだ！」
と，怒鳴られたことがあるほどです。
　家に帰って校長に叱られた話を家族にしたら，
「それは，あなたにとって，最高の褒め言葉だよね。」
と言ってもらえました。家族にもまた，支えられてきたということです。

　保護者対応を語っているからといって，僕のやり方が全てうまくいったとは思っていません。保護者の本音というものは，なかなか分からないものなのですから。それでもこの本は，きっと保護者対応に悩む先生方に具体的な手だてと根本的な考え方を示せるのではないかと思っています。

　全ては子どもたちのために

　2017年　春

多賀　一郎

【著者紹介】
多賀　一郎（たが　いちろう）
神戸大学附属住吉小学校を経て，私立小学校に長年勤務。
現在，追手門学院小学校講師。専門は国語教育。
親塾等，保護者教育に力を注いでいる。また，教師塾やセミナー等で，教師が育つ手助けをしている。
絵本を通して心を育てることをライフワークとして，各地で絵本を読む活動もしている。

著書：『クラスを育てる「作文教育」』『これであなたもマイスター！国語発問づくり10のルール』『学級担任のための「伝わる」話し方』『学級づくり・授業づくりがうまくいく！プロ教師だけが知っている50の秘訣』『ヒドゥンカリキュラム入門─学級崩壊を防ぐ見えない教育力─』（以上，明治図書），『子どもの心をゆさぶる多賀一郎の国語の授業の作り方』『一冊の本が学級を変える─クラス全員が成長する「本の教育」の進め方』『全員を聞く子どもにする教室の作り方』『今どきの子どもはこう受け止めるんやで！』（以上，黎明書房）
共著：『クラスを育てるいいお話』『子どもにしみこむいいお話』『学級づくりロケットスタート』（低・中・高学年）（以上，明治図書），『国語科授業づくりの深層』『学級づくりの深層』（以上，黎明書房）等多数。

〔本文イラスト〕松田美沙子

大学では教えてくれない　信頼される保護者対応

2017年3月初版第1刷刊	ⓒ著　者	多　賀　一　郎
2018年2月初版第2刷刊	発行者	藤　原　光　政
	発行所	明治図書出版株式会社

http://www.meijitosho.co.jp
（企画）林　知里（校正）井草正孝
〒114-0023　東京都北区滝野川7-46-1
振替00160-5-151318　電話03(5907)6703
ご注文窓口　電話03(5907)6668

＊検印省略　　　　組版所　株式会社明昌堂

本書の無断コピーは，著作権・出版権にふれます。ご注意ください。

Printed in Japan　　　　　　　ISBN978-4-18-098324-7
もれなくクーポンがもらえる！読者アンケートはこちらから →

好評発売中！

その指導、学級崩壊の原因かも？！
ヒドゥンカリキュラム入門
学級崩壊を防ぐ見えない教育力

多賀一郎 著　四六判・168 頁・本体価 1,660 円＋税 【1194】

同じようにやっているのになぜうまくいかない？→それは、若手教師がなかなか意識できない「かくれたカリキュラム」が働いているから！学級づくりや授業づくり、保護者対応などのシーン別に、トラブルの芽＆成功の素となる教師のふるまい・指導をズバリ解説。

「話し方」改善で、「伝わる」指導を実現！
学級担任のための「伝わる」話し方

多賀一郎 著　四六判・160 頁・本体価 1,660 円＋税 【1649】

教師にとって、「話す」ことは全ての指導につながる重要な要素。本書では、生徒指導・学級指導や授業における指示、さらには保護者への発信など、場面に適した「話し方」を紹介。「話し方」力アップで、教師としてもさらにレベルアップ！

学級を育てる＆個を育てる「作文教育」の全てがここに！
クラスを育てる「作文教育」
書くことで伸びる学級力

多賀一郎 著　Ａ５判・144 頁・本体価 1,800 円＋税 【1784】

「作文教育」とは「作文を中心において、子どもの心を育てること」。子どもをより深く見つめ直すだけでなく、子どもたち自身が考えを深め合うことで学級を「共育」していく指導である。多数の実物資料をもとに、赤ペンの入れ方から学級通信への活用まで徹底解説！

明治図書　携帯・スマートフォンからは **明治図書 ONLINE へ**　書籍の検索、注文ができます。　▶▶▶

http://www.meijitosho.co.jp　＊併記4桁の図書番号（英数字）でHP、携帯での検索・注文が簡単に行えます。

〒114-0023　東京都北区滝野川 7-46-1　ご注文窓口　TEL 03-5907-6668　FAX 050-3156-2790